奔流

私塾与学堂里外的龙岗史话

龙岗区地方志办◎编著

深圳出版社

图书在版编目（CIP）数据

奔流：私塾与学堂里外的龙岗史话 / 龙岗区地方志
办编著. -- 深圳：深圳出版社，2023.4
ISBN 978-7-5507-3805-8

Ⅰ．①奔… Ⅱ．①龙… Ⅲ．①教育史－深圳－近代
Ⅳ．① G527.654

中国国家版本馆 CIP 数据核字（2023）第 062364 号

奔流——私塾与学堂里外的龙岗史话

BEN LIU —— SI SHU YU XUE TANG LI WAI DE LONG GANG SHI HUA

出 品 人　聂雄前
责任编辑　杨跃进　胡文亭
责任技编　郑　欢
责任校对　叶　果

出版发行　深圳出版社
地　　址　深圳市彩田南路海天综合大厦（518033）
网　　址　www.htph.com.cn
订购电话　0755-83460239（邮购）　0755-83460202（批发）
装帧设计　城势话语·庄生府
印　　刷　深圳市华信图文印务有限公司
开　　本　889mm×1194mm　1/32
印　　张　6
字　　数　120 千字
版　　次　2023 年 4 月第 1 版
印　　次　2023 年 4 月第 1 次
定　　价　45.00 元

前　言

　　"文化自信是一个国家、一个民族发展中最基本、最深沉、最持久的力量。向上向善的文化是一个国家、一个民族休戚与共、血脉相连的重要纽带"，党的十八大以来，习近平总书记高度重视中华优秀传统文化的传承与弘扬，不止一次对中华优秀传统文化进行了阐释，"中华优秀传统文化是中华文明的智慧结晶和精华所在，是中华民族的根和魂，是我们在世界文化激荡中站稳脚跟的根基"。

　　自盐官陈康适定居园山，开启龙岗 800 年人文历史以来，这片土地便以其深厚的传统文化之基，书写了一段又一段可歌可泣的故事。观察一地之传统文化，教育是重要的窗口，也最能展现文化自信。

　　为此，《奔流：私塾与学堂里外的龙岗史话》一书被提上日程。该书由深圳市龙岗区人民政府地方志办公室组织专业团队，历时数月调查、走访，又历经数月撰稿而成，是第一部全景式展现龙岗教育百年的书。为撰写书稿，团队查阅了诸多史料，并实地走访了数十所学校，结合亲历者的讲述，一段段尘封的历史故事渐渐浮上水面。

本书共分为"西风东渐""诗书传家""新式学堂""海外回响""义重千山""薪火相传"六个篇章，讲述了自客家人南迁到传教士东来，再到新文化运动、华侨出海，乃至抗日图存、改革开放等不同时期的教育图景，并着重从四重视角来梳理和重现龙岗区域内的教育史、发展史，更通过龙岗教育的变迁，透视龙岗文化之深沉、持久：

一是秉持全球视野。龙岗教育一百多年来的发展和传承，不仅仅局限于龙岗大地，也关涉到香港、广州，乃至东南亚、牙买加、塔希提岛。影响常常是相互的。例如，香港大学、香港中文大学的创设均与龙岗有关。而坐落于龙岗区域内的一座座学校也深刻地受到近至香港、远至东南亚乃至牙买加等区域的影响，华人华侨不仅从海外寄回来资金，甚至还运回来那些用以建筑校舍的材料，人与物的交流，形成了文化的融合。

二是注重大历史之下的细节呈现。历史常常更关注聚光灯下的大人物，那些同样为国家的发展、社会的进步做出突出贡献的乡绅、本地知识分子、工农阶层等，则常常被忽略。为叙述之便，本书从大的结构上依然以时代的发展与进步为主轴，但同时也注重在时代洪流中的细节呈现，不管是村落中的屠夫、教徒、乡绅，抑或是教师、农民、革命者，乃至一块砖、一片瓦、一张课桌、一棵树，正是这些细节展现出龙岗先辈们的真实生活，历史的文脉在其间流淌，直到如今。

三是透过龙岗区域的教育进程，展现龙岗区域的兴衰与发展。一地的教育，往往最受经济、文化的影响，而一地的经济与文化之发展，也最容易影响教育的发展。私塾与学堂，并不是孤独地存在于历史之中的，它们同时与人、与社会产生深刻的连接。正如本书书名所阐释的那样，"私塾与学堂外的龙岗"，与"私塾与学堂里的龙岗"一样，有血有肉。不管是龙岗本地的乡绅，抑或是远赴海外的华侨，那些办学的故事背后，反映的是他们同样自强不息的人生。

四是着重于历史与当下之间的呼应、传承与升华。文脉不断，才会有传承，乃至升华。龙岗教育现在的成就植根于历史，那些坚毅、开放的精神，就是其历史的回响。本书虽是史志类书籍，重在抢救和挖掘那些即将被湮没的声音，但同时也注重历史与当下关系的梳理、回应。以历史为参照系，让我们对当下有了更深刻的理解；以当下为参照系，历史的面目也变得更加清晰。

最后，谨以此书祝贺龙岗建区 30 周年，也希望这一本小小的史志类书册，能够为深圳文脉的挖掘和传承，做一点抛砖引玉的贡献。

目　录

第 一 章
西 风 东 渐

这百余年的历史，看似是一部龙岗教育史，但同时也是一部龙岗的发展史。在时光的隧道里，龙岗人以**本地望族、革命先辈、华人华侨的不同身份**轮番登场，伴随着**西学东渐、抗日图存、改革开放**，不变的是他们奋斗不息的精神，在此，他们**成教化、开民智、报桑梓、展族魂**。

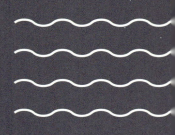

2022 年　"道扬"回深

2022 年 7 月 20 日，农历壬寅年丁未月甲戌日，初伏的第五天，深圳正是酷热难当的时节，大野芋、三角梅和紫花风铃木都在疯长。一场准备已久的仪式，如期在香港中文大学（深圳）行政楼举行，该校将建立第五所书院——道扬书院。

书院制是香港中文大学的特色教育制度，据该校官网介绍，"书院是紧密的小群体，师生密切交流，朋辈一同成长""每所书院都是独树一帜的，有各自的文化，但汇聚在一起，却塑造了中文大学的精神面貌"。[1]

香港中文大学（深圳）也沿依了这一制度，该校此前建立的四所书院分别是逸夫书院、学勤书院、思廷书院、祥波书院，其名称均来自捐助的基金会或企业家，如逸夫书院就因受邵氏基金（香港）有限公司 [2] 的捐赠而得名。

---

[1] 此处为香港中文大学对本校"书院制"的具体解释，详见：http://admission.cuhk.edu.hk/sc/colleges.html

[2] 邵氏基金系香港著名实业家邵逸夫于 1973 年在香港设立的私人慈善机构，其宗旨是协助促进教育、医疗和艺术事业之发展。

"道扬书院"则以香港中文大学筹备委员会主席凌道扬(1888—1993)博士的名字命名。这在香港中文大学(深圳)的历史上还是首次。凌道扬曾先后担任香港崇基学院、联合书院的院长,任内推动了香港中文大学的创立。

1888 年 12 月 18 日,凌道扬出生于广州府新安县布吉村丰和墟(今深圳市龙岗区布吉街道布吉社区老墟村)。值得一提的是,此次捐资 1.5 亿元建立"道扬书院"的凌国强[1]和凌道扬一样,均来自布吉凌氏家族。在 19 世纪中后叶至 20 世纪中叶,布吉凌氏与荷坳陈氏,可以说是龙岗区域最为璀璨的两大家族。凌国强的祖父和凌道扬是堂兄弟,也就是说,凌道扬是凌国强的叔爷爷。[2]

1963 年,香港中文大学成立。那一年,是癸卯年。从癸卯年到壬寅年,时光轮回,正好一甲子。

一个甲子之后,在凌氏家族后人的助力下,凌道扬以"道扬书院"这样一种方式重新回到他的家乡龙岗开枝散叶,发扬光大。正如香港中文大学(深圳)校长徐扬生所言:"这是富有意义的巧合,也是历史的缘分。"

---

[1] 香港中文大学(深圳),百合控股集团向香港中文大学(深圳)捐赠 1.5 亿元成立道扬书院,香港中文大学(深圳)官网,[2022-07-21]。

[2] 凌国强口述,刘无恙、禾人 整理.心明:凌国强哲思录.广州:南方日报出版社,2020.

▲ 香港中文大学（深圳）道扬学院揭幕仪式［香港中文大学（深圳）供图］

由此回溯，1922 年前后，乃至更早的 19 世纪 50 年代，百余年来龙岗波澜壮阔的教育史，又在此续写新篇。

当我们沿着龙岗大道"两岸"，乘着时光的小舟徜徉其中，穿梭在以历史文献和口述史料组成的历史之中时，岁月的脉络如古木的年轮清晰可见，是一代又一代龙岗人在这片热土上所留下的生生不息的踪迹。而其间许多看似"巧合"之处，实则是人之努力、拼搏，是生命的回响、文化的传承和历史的接续。

书中有的故事发端于龙岗这片土地，却不局限于这片土地；近至一河之隔的香港，远至德国、美国、加勒比、塔希提岛等国家和地区，它们既被龙岗影响，又深深影响着龙岗。

因此，展现在大家眼前的这百余年的历史，看似是一部龙岗教育史，但同时也是一部龙岗的发展史和与世界的交流史。在龙岗历史的舞台上，本地望族、革命先辈、华人华侨轮番登场，奋斗不息，在西学东渐、抗日图存、改革开放各时代中演绎了一出出成教化、开民智、报桑梓、展族魂的历史大剧。

一代人远去，一代人走来，私塾和学堂里外的龙岗，大河奔流，风华百载。

树木树人：无间东西，沟通学术

常言道："十年树木，百年树人。"凌道扬的一生，可以说就是这句话最好的诠释。凌道扬不仅是我国的林学泰斗，也是著名的教育家。他的前半生积极致力于"森林救国"，是为"树木""树林"；他的后半生则以办学育人为己任，践行"为国育才"的家风祖训，是为"树人"。

凌道扬的童年在嘉应州长乐县(今梅州五华县)度过，当时他的父亲凌善元在长乐县樟村传教。他在樟村或元坑的教会学校接受了启蒙教育。

在这种中西结合的教会学校里，凌道扬既要诵读经史子集，也要学习《圣经》、音乐和体育。[1]

---

[1]《布吉记忆》编委会.布吉记忆：劳作与烽火.北京：人民日报出版社，2020：43.

这些奠定了他一生的基础。凌道扬体育成绩优异，网球技术尤其精湛，参加过 1919 年在上海举办的远东运动会（现被普遍认为是"亚运会"的前身），并在 1924 年做过张学良的网球老师。

1898 年，10 岁的凌道扬随叔父凌善昭（1873—1923）前往美国檀香山，在那里的农场当了两年童工。1900 年，在檀香山过得并不开心的凌道扬随另一位叔父凌善芳（1883—1911）一同返回中国。[1]

"芳叔"[2] 是对凌道扬影响较大的一位亲人。虽然凌善芳和凌道扬是叔侄，但凌善芳只比凌道扬大 5 岁。因此，芳叔之于凌道扬，不仅在于年龄的相近，还在于人生路上的指引和人格力量的影响。1902 年，凌善芳在上海圣约翰书院读书，并协助代理校长麦克雷处理书院事务。在芳叔的努力下，14 岁的凌道扬得以进入圣约翰书院读预科，"完全受芳叔的培植"[3]。圣约翰书院的教育融合了中国文化与西方文化，凌道扬在此求学多年的经历，奠定了其学贯中西的基础[4]。

1909 年，从圣约翰书院毕业后，凌道扬进入

---

[1]《布吉记忆》编委会. 布吉记忆：劳作与烽火. 北京：人民日报出版社，2020：42.

[2] 本书中"芳叔"一概指凌道扬的叔父凌善芳。

[3] 刘中国，余俊杰. 凌道扬传. 香港：公元出版社，2018.

[4] 刘中国，余俊杰. 凌道扬传. 香港：公元出版社，2018.

八旗子弟学校任英文教员。后受命陪同清王朝两位皇亲贵胄远赴大洋彼岸，担任翻译和教师，薪酬丰厚。凌道扬也借机进入美国麻省大学学习农科，立志"农业强邦救国"。这成为凌道扬人生的一个转折点。如今，那两位贵胄的名姓已湮没在历史的长河中，而凌道扬的学问与事业历经岁月山河却愈发璀璨。

1912 年，凌道扬又考入耶鲁大学林学院。1914 年，凌道扬获耶鲁大学林学硕士学位，是迄今可考中国人获得耶鲁大学林学硕士的第一人。

因为资料缺失，凌道扬归国前后的中国森林覆盖率准确数据现已不可考实，但多方数据显示，彼时中国的森林覆盖率不超过15%。[1] 面对"荒山之多，触目皆是"的祖国，凌道扬提出了"森林救国"的理念，他认为"林业兴废，关系政治盛衰，民生枯荣，国立消长"。[2]

1915 年，凌道扬与韩安、裴义理（Bailie）等林学家有感于中国林业不振，"重山复岭，濯濯不毛"，遂上书北洋政府，建议以清明节为中国植树

---

[1]《辉煌 70 年》编写组 . 辉煌 70 年：新中国经济社会发展成就 1949—2019. 北京：中国统计出版社，2019：354-355.

[2] 凌道扬 . 专件：森林与国家之关系 . 教育周报（杭州），1916（142）：32-33.

▼ 凌道扬（左一）与康有为

节。[1]农商部部长周自齐很快复函，认为"欧美各邦，植树有节，推行全国，成效维昭"。[2]其后，大总统袁世凯批准了这一建议。

1916年清明节，黄兴和张謇在南京紫金山麓主持了中国的第一个植树节。[3]这一年，28岁的凌道扬被聘为金陵大学农林科教授。也是在这一年，凌道扬写作并完成《森林学大意》一书，这是中国林业研究和林业教育史上最早的学术著作和教科书。

1917年，凌道扬和诸多社会名流在上海发起建立"中华森林会"（后易名为"中华林学会"），至今该学会仍在林学研究中发挥着重要作用。

1920年，凌道扬任山东林务专员，开启了他以林业服务国家发展的从政生涯。他先后辗转青岛、南京及广东、四川，将一生奉献给了林业事业，泽被后世。时至今日，青岛园林城市的规模，与凌道扬当年的规划密不可分。1930—1936年间，凌道扬担任中央模范林区管理局局长，在其所管的"南京附近的凰山、汤山、钟汤、小九华、龙王山、牛首山等6个林场，每年造林二三百万株"。为纪念凌道扬的功绩，2019年植树节，龙岗区布吉街道

[1] 王希群. 凌道扬年谱——纪念凌道扬先生诞辰130周年. 北京林业大学学报（社会科学版），2018，17（1）：1-20.

[2] 韩安，等，编译. 世界各国国有森林大势. 农林公报，1915.

[3] 孙建三. 裴义理与中国的第一个植树节. 老照片，2006（45）.

在石芽岭公园种下 5000 平方米纪念林，并修葺其故居，作为纪念馆对外开放。

1948 年，60 岁的凌道扬从联合国粮食农业总署任上退休，同年年底定居香港。

1949 年，凌道扬着手基督教香港崇真会粉岭崇谦堂的扩建。崇谦堂是他的父亲在 1926 年所建。

杜甫《曲江二首》诗有云："人生七十古来稀"，但对凌道扬来说，年近古稀之时，他人生下半场的辉煌才开始。

1954 年，香港崇基学院第一任院长李应林病逝。1955 年 2 月，时年 67 岁的凌道扬出任崇基学院第二任院长。在就职演说中，凌道扬希望学院"负起保存发扬中国文化的责任，且沟通外国文化，使中西文化交流，对整个世界的文化有新的贡献"[1]。

1957 年，麻省大学（又译马萨诸塞大学）授予凌道扬名誉法学博士学位，时任校长波尔·马塞在致辞中说："作为教育家、学者、科学家，他学贯中西，通过自己的生活和工作批驳了'东方和西方永不相会'的观念。"[2] 凌道扬在 1959 年为崇基学院所撰写的那副楹联，也正与波尔·马塞的致辞

---

[1] 王希群. 凌道扬年谱——纪念凌道扬先生诞辰 130 周年. 北京林业大学学报（社会科学版），2018，17（1）：16.

[2] 同上.

异文同义，即"沟通学术""陶铸人群"：

> 崇高惟博爱，本天地立心，无间东西，沟通学术；
> 基础在育才，当海山胜境，有怀胞与，陶铸人群。

在崇基学院院长任上，凌道扬一直做到了1960年1月荣休。同年2月，72岁的凌道扬又受聘出任香港联合书院院长，直至1963年。也就是在联合书院院长任上，他以筹备委员会主席的身份推动了香港中文大学的创建。崇基学院、联合书院和新亚书院一起成为香港中文大学最早的三所书院。

时光荏苒，60年后，历史又一次在龙岗接续。于是，便有了本节开头的那一幕，凌国强向香港中文大学（深圳）捐赠1.5亿元，成立道扬书院。正如徐扬生校长所言，这一捐赠"把这种美丽的缘分续写成了一段佳话。这不仅是香港中文大学在深港两地之间的历史传承，也是凌氏家族崇文重教、为国育才的家风承传"。

布吉凌氏："会观兰桂赛春芳"

中国近代史上，布吉凌氏在龙岗，乃至深圳、南粤，都是一个"星光熠熠"的家族。

清咸丰二年（1852年），凌道扬的曾祖父凌振高，曾叔祖父凌振雄、凌振泰以及祖父凌启莲（时年 8 岁）[1]，由韩山明（又译韩山文）、黎力基两位牧师受洗入教，成为深圳最早的基督徒。

凌启莲（1844—1917）受洗后，入教会创办的学校接受了西式的教育。凌启莲 21 岁开始传道，此后 36 年中，他将他的所有工作都奉献给了教会。

凌启莲退休的那一年正是清光绪二十六年（1900 年）。历史进入了一个新的世纪，但是新世纪却并未给中国带来新希望。这一年，八国联军攻进了北京城，慈禧太后携光绪帝逃至西安。这场侵华战争最终以《辛丑条约》的签订而结束，清政府以赔款 4.5 亿两白银，本息合计超过 9.8 亿两白银的代价，换得两宫"回銮"，史称"庚子赔款"。

回望凌启莲的一生，在当时的中国，乡村牧师算不得一份好职业。不过，凌启莲是凌氏家族第一个接受西方教育的人，同时，他又秉持着客家人"耕读传家"的祖训，子女们相继进入教会学校读书。凌道扬从耶鲁大学毕业那年，凌启莲已 70 岁，他殷切寄语："触目儿孙皆长，尔小子休忘骏业。旷观天演，只言优劣竞争。从此志图远大，同德同心，最好维系风化，扶植纲常，成为一个民国伟人，做一个乡间善士，他日家声丕振，会观兰桂赛春芳。"[2]

---

[1] 刘中国. 发现深圳：西学东渐与深圳凌家. 读创，2017.

[2] 凌宏孝. 凌启莲和他的子孙们. 深圳布吉，2009 年.

▲ 崇基学院大门（图片来源：香港中文大学官网）

　　凌启莲共育有 8 个儿子 3 个女儿，除三子凌善新 3 岁早夭之外，其余 7 个儿子均事业有成。

　　凌善元（1867—1936）是凌启莲的长子，虽然他像父亲一样将一生都奉献给了教会，但是生于变革时代，最先接受西方思想的他，也继承了中国旧式知识分子"心怀天下"的责任感。1895 年，28 岁的凌善元在《万国公报》[1] 发表《天道振兴中国论》，提出"革民之作伪，励民之精勤，黜民之陋习"等三条振兴中国的方案，发时代之先声，至今读来仍旧振聋发聩。

　　1903 年，凌善元和父亲一起迁往香港新界粉岭龙跃村。1913 年，凌善元和巴色差会客籍传道

---

[1]1868 年 9 月 5 日在上海由林乐知等传教士创办的一份刊物。

人彭乐三、张和彬等联合村民在现今粉岭崇谦堂村
（旧称松佃堂村）办学，命名为谷诒书室，以客家
话教学。由于教学有方，不久声名鹊起，邻近村落
如莲塘尾、九龙坑、南华埔、流水响和大窝等地
的村童都来就读。学生每年只收五元学费，贫家
子弟酌收稻谷一石。1924 年，因课室容纳有限，
凌善元三人又兴建从谦学校，接受港英政府津贴，
是香港新界区首间津贴小学。从谦学校一直办学到
2007 年。[1]

凌启莲次子凌善昌，生于 1869 年，一度赴檀
香山经商，卒年不详。四子凌善昭，早年在檀香山
传道经商，20 世纪初赴青岛经商定居，曾掩护孙
中山从事革命活动。五子凌善荣，出生于 1875 年，
经商，卒年不详。

六子凌善永（1879—1945），曾在香港学习会计，
是中国最早一批掌握西方经济管理知识的会计师，
后赴檀香山经商，回国后曾在青岛某公司、上海商
务印书馆、安源煤矿从事财务管理。1922 年，在中
国共产党第一次独立领导并取得完全胜利的工人运
动"安源大罢工"中，凌善永曾努力维护工人的权益。[2]

---

[1] 关之英. 庠序的桃花源：香港一所客家村校的办学历程. 赣南师范学
　　院报，2011（1）：12-20.
[2] 蒋荣耀. 百年乱世，深圳这么多璀璨夺目的学校. 深圳商报，2016.

凌善安（1881—1948），是凌启莲七子，也是凌道扬的父辈中与教育渊源最深者，曾一度被当时的教育界戏称为"学阀"。

有了哥哥们的"筚路蓝缕"，1888年，年仅7岁的凌善安就被父亲送往英国留学，并在剑桥大学毕业后，又继续前往美国旧金山大学深造。

据凌善安的孙子凌宏孝回忆，凌善安曾为清代国子监英文教习，还当过皇家子弟的英文教师，据说光绪皇帝也曾在颐和园内与皇族子弟一起听过凌善安上英文课。1909年，凌道扬进入八旗子弟学校任职就是由凌善安推荐。

从20世纪20～30年代起，凌善安先后担任辅仁大学、北京大学、燕京大学、国立北平大学、国立北平师范大学教授。[1]据北京大学的史料记载，在20世纪20年代，凌善安曾经担任过英文系主任。当时的北京大学英文系群贤毕至，集中了陈源、杨荫庆、温源宁、林语堂、徐志摩、郁达夫、罗昌、潘家洵、张欣海、杨宗翰、王文显、吴宓等著名学者。

凌启莲的八子凌善芳，也就是凌道扬口中的"芳叔"，毕业于美国耶鲁大学。1900年，凌善芳任广九铁路高级工程师，负责广九铁路石龙段到深圳的测量、绘图和建筑工程等工作。由于积劳成疾，

---

[1] 刘中国.发现深圳：西学东渐与深圳凌家.读创，2017.

▲ 从谦学校路牌

凌善芳于1911年病逝,年仅28岁,葬于布吉枫坑。[1]

有了父辈们的"铺陈",凌启莲的孙辈们更是"兰桂竞芳"。据统计,其孙辈27人中有19人先后留学欧美,归国后均在政府、高校、医院及科研机构担任要职,说是深圳书香门第、诗书传家第一家族一点也不为过。[2]

除凌道扬外,凌启莲的孙辈中还有多人在教育界任职。

凌达扬(1895—1986),凌善元次子,1915年留学美国耶鲁大学和哈佛大学,获哥伦比亚大学

---

[1] 凌道扬父辈生平综合史料,并根据凌善元1934年所撰《凌公启莲家谱并茔迁龙村略史》整理、校正。

[2] 刘中国.发现深圳:西学东渐与深圳凌家.读创,2017.

硕士学位。1920年回国后任清华大学英文教授。1933年后历任青岛《英文明报》主编，东北大学、齐鲁大学、山东大学、中山大学、西南联合大学、云南大学英文系教授兼系主任。

凌贤扬（1898—1970），教育家，凌善昭三子，从1927年开始担任北京崇德中学校长，是该校建校16年以来第一任中国籍校长。凌贤扬担任北京崇德中学校长期间，为国家培养了众多人才，其中有不少是驰名海内外的专家学者，他们当中有诺贝尔物理学奖获得者杨振宁、"两弹"元勋邓稼先、世界著名结构大师林同炎、著名建筑学家梁思成等。

凌宪扬（1905—1960），1929年获南加州大学工商硕士学位。1943年春，西迁到大后方的沪江大学和东吴大学校友在重庆合办"东吴沪江法商学院"，凌宪扬出任商学院院长。抗战胜利之后，沪江大学迁回上海杨树浦军工路旧址，凌宪扬出任校长。

凌忍扬，曾任美国多所大学教授。

凌思扬，曾任教于湖南艺术学院。

凌惠扬（1906—1999），凌善永三子，新中国成立后历任重庆第三军医大学外科学教研室主任、教授、附属医院副院长，总后勤部卫生部医学科技委员会委员，是第六届全国政协委员。

凌筱瑛（1900—1983），凌善昭次女，是新中国第一批妇产科专家。

凌安娜（1912—2006），凌善永次女，是著名指挥家腾矢初的钢琴启蒙老师。

凌志扬，曾任美国汽车公司中国总代理。

凌启莲的重孙辈也多有各方才俊、显要。

凌道扬长子凌宏璋（1919—2009）是美国马里兰大学终身教授，半导体电路和集成电路专家，被誉为 IC 之父，在美国享有 61 项专利。

凌道扬次子凌宏琛（1924—2012），1950 年参加抗美援朝医疗救护队，1976 年率领中山医院救护队赴唐山抗震救灾。

凌达扬长子凌宏焜（1927—），毕业于清华大学，参与建设吉林松花江"丰满水电站"，是新中国第一批水利水电工程师。

当 1852 年凌振高带着儿子去受洗的时候，他或许不会想到，8 岁的凌启莲会开启这一家族百余年的辉煌，布吉凌氏家族的子孙们会在日后架起一座沟通东西方的桥梁。他们修铁路、建教堂、办学校、做教育、兴林业……在为中国，为时代，点燃一簇簇火焰，如明月，如星光，时至今日，仍烛照着龙岗，烛照着神州大地。

1185 年 陈观海与他的家族

由香港中文大学（深圳）校园西南门出来，经过龙城街道龙红格社区的一处小型消防站，不过数百米就来到西榄岽山南坡，宋朝盐官陈康适（1160—1185）墓已经在此静默了 800 余年。

远远望去，那是一座圆形古墓，翠柏环绕，背靠青山，守候着如今龙岗的繁华。他的儿子陈文彬、孙媳林氏的墓则分别位于两侧。2005 年，他的发妻欧氏的墓迁葬至其右。

据深圳民俗学者彭全民和廖虹雷考证，陈康适，名世昌，是龙岗区最早有历史记载的人物，陈康适墓也是龙岗区目前发现的史载最早的盐官墓葬。2006 年，陈康适墓被评定为龙岗区文物保护单位。

陈康适曾任东莞归德（今沙井）盐场官，其任职期间"忠于朝廷，力行敬业，政绩显赫"。其后，陈康适又转任归善（今惠阳区）盐场官，因见归善上淮贺村（今园山街道荷坳一带）"两水合夹，群山环抱"，有"诸般山水风土之美"，[1] 故在此开

---

[1] 彭全民主编 . 荷坳厚德堂陈氏族谱 . 深圳：海天出版社，2011.

▲ 陈康适墓

基立业。荷坳，也因此成为龙岗区最早的古村落。

这似乎又是一种巧合，一种历史的缘分。龙岗区近代史上如"双子星"闪耀般的两大家族——布吉凌氏和荷坳陈氏，在龙岗，在如此相近的空间里交会。

在香港中文大学（深圳）校园里，岁月带着厚重的传统穿过历史的尘埃扑面而来，那是崇文重教、为国育才的家风和传承，也是西风东渐、海纳百川的包容与开放。千百年来不绝的文化，在此回响和再生，串联起过去、现在和未来。

教子诗书，家声大振

南宋初年，因金国南侵，陈康适的父亲陈朝举（1134—1213）辗转南迁至南雄珠玑巷，晚年又迁至东莞归德场涌口里（今宝安区沙井街道一带）。

"宋学士文忠公裔孙，晦庵朱先生之高第。"根据宋代东莞篁村白马乡李用文《正议大夫朝举公暨夫人晏氏合传》记载，陈朝举的祖上是北宋名臣陈襄（1017—1080）[1]。陈襄曾做过枢密院直学士，甚受宋神宗信任，与当时名士、大臣司马光、范纯仁、程颢、苏轼等都有交往。"回首乱山横，不见居人只见城"的名句，就出自苏轼的《南乡子·送述古》，述古是陈襄的字，这阕词是苏轼送别陈襄所作。

陈朝举则师从南宋理学家朱熹。陈朝举于南宋淳熙年间"举进士，授正议大夫"。陈朝举有三个儿子：长子陈康道、次子陈康适、三子陈康运。"三子咸遵庭训，学富品醇，洵称是父是子矣。"

三子中又属陈康适最有作为，年纪轻轻就担任归德盐场官。陈康适即是荷坳陈氏开基始祖。据《荷坳厚德堂陈氏族谱》记载，陈康适携家定居荷坳后，"孝诚传家，教子诗书，垦辟田园，择地筑宇，恬然居之，家声大振"[2]。

---

[1] 陈襄，字述古。苏轼任杭州通判时，陈襄任杭州太守（1072—1074）。

[2] 彭全民主编. 荷坳厚德堂陈氏族谱. 深圳：海天出版社，2011：81.

　　可惜，1185年，年仅25岁的陈康适英年早逝，葬于西榄岰山。此后的800余年，历经朝代更迭、战乱频仍，陈康适的后人也几经离乱、多番迁徙，而他的墓却仍旧保存完整，足见后人对他的尊敬。

　　陈康适逝世时，其子陈文彬尚年幼，不过陈文彬自幼文采出众，有其父之风，成年后官任登仕郎（宋正九品文官阶）。

　　经过陈康适、陈文彬父子的经营，陈氏一脉从此在龙岗荷坳落地生根，开枝散叶。此后数百年间，荷坳陈氏人才辈出。明成化年间，陈琳任广西庆远府知府，陈瑾任江西抚州府粮判，陈三铭中举两科副榜。清光绪年，陈兆麟考中武进士，陈瑞屏考取秀才。[1]

中国留德第一人

　　陈康适后代之中，成就最高者当属陈观海。陈观海（1851—1920），字赐昌，龙岗荷坳人，是基督教信义宗最早的华人牧师，[2] 也是

▲ 陈观海像

[1]陈志强.近代中国最早到德国的留学生陈观海.羊城今古，2004（4）：41-47.

[2]广东省、广州市基督教协会编.广州市基督教文史选辑，1985（1）：23.

一位博学多才的学者、教育家、外交家和爱国的宗教界人士。

1851 年，距离陈康适亡故已经过去了 666 年，凌启莲受洗入教的前一年，陈观海在荷坳村出生。这个婴儿日后不仅将成为荷坳最为重要的"文化大师"，也将在中国法制史上留下浓墨重彩的一笔。

中国人留学德国史的研究领域中，大部分学者认为 1876 年李鸿章派遣卞长胜等 7 名军官留学德国为中国人留学德国之嚆矢。[1] 但据考证，实际上中国人留学德国的时间应该更早。早在 1867 年，陈观海就被巴陵会（Berliner Mission）选派到柏林留学，1875 年学成归国。直到陈观海归国时，卞长胜等人尚未前往德国。

礼贤会早期传道人王元深所著的《圣道东来考》、刘粤声主编的《香港基督教会史》和罗彦彬主编的《礼贤会在华传教史》等文献中，都有陈观海由教会派赴德国留学的记载。[2]

1867 年，要从中国广东前往德国柏林并不容易。按礼贤会麦梅生长老撰写《陈观海牧师传略》的记载，陈观海于 1867 年 10 月 13 日在广州黄埔乘坐

[1] 杜卫华. 德文档案中的中国留德第一人. 江苏师范大学学报（哲学社会科学版），2014，40（6）：7.
[2] 陈志强. 近代中国最早到德国的留学生陈观海. 羊城今古，2004（4）：41-47.

德国帆船启程，先前往美国纽约。这是一艘运载草席的船只，原计划航程 120 天。但是直到次年 5 月，陈观海才在布鲁克林登岸，寄宿在那文牧师（Rev. Rober Neumann）家中。1868 年冬天，陈观海再从纽约坐船前往德国汉堡。之后，再乘火车抵达柏林，进入柏林的神学院就读。[1] 据陈观海的孙子陈志强考证，陈观海留学的学校为巴陵神道大学。[2]

特别值得一提的是，陈观海的夫人梁琼羡（1851—1939）是近代中国最早的女留学生，比留学生史文献记载的中国最早的女留学生康爱德、金雅妹还早了十几年。[3] 梁琼羡是一名孤儿，幼时在香港被德国牧师收养并送到德国留学。陈观海与梁琼羡在留学期间相识相爱并结为夫妻。

从年龄上来说，陈观海是凌启莲的同辈人，他"开眼看世界"的时间不仅早于凌道扬，也早于凌道扬的父辈们。1888 年，当年仅 7 岁的凌善安作为"小留学生"前往英国的时候，陈观海已经学成归国 13 年了。

从 1868 年至 1874 年冬进行毕业考试，陈观

---

[1] 浩然 "三巴会陈观海牧师" 中国留学德国第一人（一至十四）. 基督教周报，2013 年 8 月 4 日—11 月 3 日.

[2] 陈志强. 近代中国最早到德国的留学生陈观海. 羊城今古，2004（4）：41-47.

[3] 同上.

海在柏林留学长达 6 年。除了学习一般功课，陈观海也刻苦学习多种外国语言：法文、俄文、西班牙文。1872 年，陈观海又被巴陵神道大学巴比礼校长送到礼贤神道大学继续深造，他在这里认真攻读希腊文、拉丁语和古希伯来文。年幼时，陈观海还同多位牧师学习德语、英语，并师从一位老秀才学习古文，打下了扎实的中文基础。

多语言的学习和留学经历，让陈观海从青年时代起就学贯中西，为他日后的成就奠定了深厚的基础。

1875 年，时年 24 岁的陈观海归国并成为一名青年牧师。从 1875 年至 1900 年，陈观海先后在广东南雄福音堂、香港巴陵会及巴色会、广东紫金县古竹巴色会担任牧师。其中在古竹任职时间最长，前后长达 15 年。陈观海为巴色会在紫金、河源、博罗一带教务的发展做出了积极贡献。[1]

1900 年，在凌启莲退休的那一年，陈观海因八国联军侵华愤然辞去一切教会职务，在古竹从事写作和翻译。其后几年间，陈观海写出了《基督圣模》《基督德性篇》（手稿收藏在香港浸会大学图书馆

---

[1] 彭全民，廖虹雷.陈观海：中国最早赴德国的留学生.深圳市档案局. [2014-05-29]. http://www.szdag.gov.cn/dawh/szzg/content/post_99148. html.

特藏部）等神学著作，这是 20 世纪华人撰写的少数几本基督教神学著作。1903 年，他翻译了《德意志帝国刑律》一书，是中国近代法制史上第一次把德国刑律介绍到中国的人，此书后来成为清政府制定《大清刑律》的蓝本，对晚清司法制度的改革起了积极的作用。[1]

如果说凌道扬是"我国近代林学的开拓者"，并做出了"历史性贡献"[2]，那么，陈观海无疑为中国近代法学的开拓做出了重要贡献。

不过，陈观海更重要的作用还是在搭建中德之间的"文化桥梁"。据陈志强考证，1901 年，陈观海北上京、津，经友人介绍，到山东胶济铁路任翻译和交涉员。陈观海在外事工作中认真负责，加上精通多种外语，又有留学经历，熟悉外国情况，在外交工作中很有成绩。后来，胶济铁路总办洪用舟把他推荐给时任山东巡抚周馥[3]。陈观海在外事工作中深受周馥的重用。1904 年，周馥升任两江总督，陈观海也随周馥调到南京，在江南交涉局任

---

[1] 彭全民，廖虹雷. 陈观海：中国最早赴德国的留学生. 深圳市档案局. [2014-05-29]. http://www.szdag.gov.cn/dawh/sszg/content/post_99148. html.

[2] 此为中国林学会理事长江泽慧于 2007 年的中国林学会成立 90 周年纪念大会上致开幕词时对凌道扬的评价。

[3] 周馥（1837—1921），晚清至民国初年政治、军事人物，跟随李鸿章兴办洋务三十余年，深受李鸿章倚重。

▲ 《大清新刑律总则补笺》

职。1906年，周馥调任两广总督，电调陈观海到两广洋务局工作。

此外，自1875年归国，陈观海一直在广州神道学校任教。他在粤、港等地教会任职期间，还在当地教会学校任教。在两广洋务局工作期间，陈观海又应广雅高等学堂和两广方言学堂（培养外语、外交人才的学府）的聘请，在这两所学校兼任外文教师。从两广洋务局辞职后，他又在广州芳村巴陵会办的德华学堂任教。陈观海在长期的教学生涯中，为国家培养了不少外语、外交和军事人才。

香港基督教史专家汤泳诗女士在其2002年出版的《从巴色会到香港崇真会》一书中评价，陈观海是"清代中德关系不容忽略之媒介人物",可见其历史地位之重要。

四代 22 人执教鞭

陈观海和梁琼羡育有二女四子。

长女陈玉贞、四子陈敬真早年病逝。

次女陈月贞与巴色会在中国最早的传道人江大宾之孙江仁德结婚。江仁德后移居檀香山,他是美国檀香山第一位华人牧师,在檀香山圣彼得教堂任职达 31 年之久。

长子陈敬光,1911 年毕业于天津北洋医学堂。第一次世界大战期间,加入协约国的医疗队,在法国战场工作,曾获法国政府颁发的奖章。北伐战争时期,他在冯玉祥将军和杨虎城将军领导的国民革命军任军医。抗日战争时期,他在湖北宜昌医院任职。1949 年新中国成立前夕,年逾古稀的陈敬光老当益壮,毅然决定自己一个人留下来保护医院,使国家财产完整无损地回到人民手中。新中国成立后,他被任命为湖北枝江市人民医院首任院长。陈敬光终生未娶,1956 年在病重期间,他把自己的全部财产献给国家,支援国家建设。

次子陈敬道,字达三,于 20 世纪 20～30 年代,与友人兴办荣昌建筑公司、胜记建筑公司、维安祥

▲ 陈观海全家合影

金山庄、道亨银行和嘉华银行，曾任嘉华银行总经理、香港惠阳商会会长。陈敬道热心为教会服务，从 1928 年至 1970 年，他一直担任香港九龙深水埗崇真会董事，两度任该会主席，还担任过香港崇真区会会长。陈敬道继承了父母热心教育事业的传统，他除了从事繁重的商务和教务外，还担任宝安乐育中学董事和荷坳厚德学校名誉校长，出钱出力办教育。

陈观海的幼子陈敬安，毕业于天津北洋医学院，后留学德国弗莱堡大学，获医学博士学位。民国初年，陈敬安曾任总统府医生，并先后担任清华学堂医院院长、北京西山天然疗养院院长、粤汉铁路医院院长、武汉大学医院院长。

1940 年 1 月，陈敬安加入英国海军，投身世界反法西斯战争。他所在的运输舰队，担负着运输同盟国支援苏联和中国军事物资的任务，曾多次在大西洋和北冰洋同德国海军作战。最惊险的一幕发生在 1942 年 4 月 7 日，陈敬安所在的运输舰在印度洋与日军作战中被击沉，陈敬安乘救生艇在海上漂流了三天三夜，终于在印度东海岸获救。第二次世界大战结束后，陈敬安回国任中山大学医学院教授。

陈敬安的夫人徐兰如，毕业于天津直隶第一女子师范，与邓颖超、许广平是校友，参加过五四运动，曾任小学教师多年。

据陈志强统计，陈氏家族四代先后有 22 人执教鞭。他们的身影遍布内地、香港地区和海外，为社会培养了数以万计的人才。

在 20 世纪 30 ～ 40 年代国家危难的特殊时期以及后来的朝鲜战争中，也有不少陈氏儿女毅然投笔从戎。陈志强大哥陈志刚在抗日战争中参加了中国远征军，任少校翻译官。在缅甸战场，负了伤的陈志刚被送到印度治疗。在一个阳光明媚的日子，陈志刚意外地与父亲陈敬安在加尔各答相遇。同为国家出生入死，同是劫后余生，又是久别重逢，这对父子当时的心境可想而知，实在是"难以用笔墨

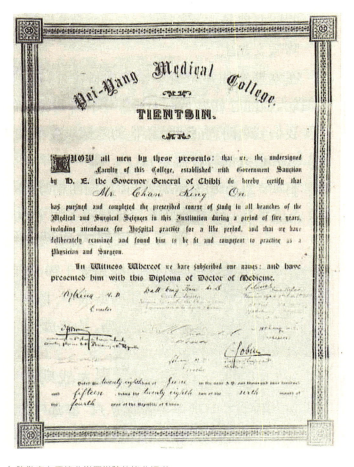

▲ 陈敬安在天津北洋医学院的毕业证书

形容"。[1]

1950 年，朝鲜战争爆发，陈志强和他的六姐参加了中国人民志愿军。陈志强的爱人李瑗芳同样是一名志愿军战士。从 20 世纪 50 年代到 70 年代，陈志强的五哥陈志成、妹夫方为凯、儿子陈海也相继参军。

陈家四代人先后有 12 人投笔从戎，投身北伐战争、抗日战争、抗美援朝战争和新中国的国防建设事业，为捍卫国家独立、争取民族解放、保卫世界和平而贡献力量。[2]

2015 年，抗日战争和世界反法西斯战争胜利 70 周年之际，陈志强把自己收集整理的 261 件家族照片、史料文字和实物等捐献出来，这成为广东省档案馆入藏的第一份家族档案。

---

[1] 李明 . 退休教授三年考证淘出百年沧桑家史 . 深圳特区报，2005-1-8.
[2] 本小节陈氏子孙内容，除特别注明外，均根据陈志强 "近代中国最早到德国的留学生陈观海" 一文整理。

1864 年　李朗与深圳第一所"大学"

　　从诸多细节里，我们能够感知到，150 多年前，在龙岗这片大地上，文化、教育、婚姻乃至社会生活方方面面之间的联系，它们各有各的特色，又互相影响，最终交织成一张大网，复杂而又清晰庄正。

　　前文所述，陈月贞与江仁德的婚姻便是其中一例。江大宾（1818—1853），亦称江觉仁，新安县李朗村人（现南湾街道下李朗社区）。他的长子江怀清生子江仁德，娶了荷坳陈氏次女陈月贞；江怀清的长女江珍妮，则嫁给了虎门王氏王煜初之子王宠光。

　　江大宾的儿子江云章是中国早期的留欧学生，江云章的儿子江逢治则是中国第一位留德的医学博士。

　　王煜初的家族在中国近现代史上则更为显赫。王煜初本人是孙中山密友，广州起义失败后曾掩护孙中山逃亡。他还是汉语拼音化的先驱。王煜初的几个儿子也都在国外接受良好教育，回国后都曾身居要职。

　　布吉凌氏、荷坳陈氏，以及李朗江氏、虎门王氏……透过这几大家族，一部近现代龙岗的发展史，便徐徐展现了其多姿的一角。

　　不过，虽然有文脉的传承、遗风祖训的教育，但这些远离政治中心、地处偏僻乡村的家族，这些名不见经传的龙岗人，如何在短短几十年间就将子女送去欧洲、北美留学，而后迅速崛起，登上历史的大舞台？

　　一切仍要从时代说起。鸦片战争之后，列强打开了中国的大门。1842年，《南京条约》签订，规定外国人可以在广州、福州、厦门、宁波、上海五处通商口岸居住、办校、行医、传教。从此以后，大批传教士来华。他们经由这五处沿海城市前往内陆时，遭到了当地民众甚至政府的抵制和驱逐，但在客家地区却有例外，例如布吉、李朗、荷坳等。[1]王氏家族最初的"启蒙"地就是在荷坳。李朗村则成了第一个对外开放的客家村庄。

　　那些来华传教的牧师，不经意间成了深圳最早一批"乡村教师"，也让中西文化在此交汇、碰撞，出现了凌道扬、陈观海两位学贯中西的知识分子。成就他们的有龙岗历史上如"双子星"般闪耀的凌

---

[1] 荷坳陈氏属于广府系移民，不过在陈观海成长的年代，荷坳主要属于客家人的家园。

氏、陈氏两大家族，这一片土地上川流不息的人民，还有那些带来西方文明的传教士。

梧桐山下，龙岗河缓缓地流淌，往更开阔处去，往大海而去。龙岗河两岸的龙岗人，也开始往更开阔处去，往海上而去。

李朗开放

目前已知最早的传教士到达深圳或在 1847 年。1844 年，凌启莲出生那一年，曾参与过《南京条约》签订的德国牧师郭士立（1803—1851）[1]在香港岛组织"福汉会"（Chinese Union）。福汉会的意思就是"汉人信道而得福"。郭士立精通粤语、潮汕话和客家话，曾先后多次去函德国"三巴传道会"，即巴色会（崇真会）、巴勉会（礼贤会）、巴陵会（信义会），请求派遣传教士来华，并首次提及了中国的"客族"。

1846 年 11 月，巴色会派瑞典牧师韩山明、德国牧师黎力基乘船向东，前往香港。巴勉会牧师叶纳清也同船前往。抵达香港后，他们就"薙发蓄辫，改服华装"。[2]巴陵会的那文牧师则要迟至 1851 年才到达香港。

---

[1]郭士立曾参与过贩卖鸦片，做过英国间谍，在历史评价上毁誉参半。

[2]钟清源黎牧师力基行述. 万国公报（上海），1893（69）.

1847年，韩山明、黎力基尝试经由沙头角（深圳市盐田区）进入惠州府归善县淡水（今惠州市惠阳区淡水）。不过中途遭遇海盗，行李被抢劫一空。

1848年，韩山明终于到达沙头角，那时候，他还没有办法进入客家人居住的村庄，

▲ 韩山明

于是在东和墟市住下来。但因为他善于治疗眼疾和帮人看病，很快取得了当地人的信任。第二年，在当地人的帮助下，韩山明创设了深圳第一所服务于客家人的教会学校，到1849年，学生达到了25人。[1]

到1851年陈观海出生那一年，韩山明在香港建立了第一个客家教徒的集会所，江大宾也开始在那里布道。同年，江大宾说服自己的众多亲友加入巴色会，并邀请韩山明前往李朗。不过，因为遭到李朗本地一个有势力家族的反对，韩山明的李朗之行最终作罢。

到1852年3月，韩山明、江大宾在布隔（布吉旧称）遇到了凌振高。凌振高在布隔从事猪肉买卖，听说了巴色会欲前往李朗发展而受阻的事情后，他

---

[1]蒋荣耀.1840年代，洋人的深圳"朋友圈".深圳商报，2012-06-12.

将自己的房屋以高价租给了韩山明。按照《南京条约》
的相关规定，在"五口"以外的地方传教并不合法，
凌振高租房的行为是冒着风险的，后来官府还为此
控告过他和江大宾。不过，凌振高的这一"风险投资"，
却是对其子孙产生了非常大的影响，凌启莲由此成
为凌氏家族系统接受西式教育的第一人。

同年 5 月，韩山明来到布隔，建立了宣道所，
并建立了一所义学。在江大宾的努力下，凌氏三兄
弟和凌启莲同时受洗。

此后，时年 8 岁
的凌启莲开始在义学
就读。当时，巴色会
创办的教会学校，一
般称为"义学""书
塾""书馆"。这所
创办于 1852 年的布
隔义学，应是龙岗地
区最早的一所教会学
校。义学除了由汉文
教习负责教授学生儒
家经典外，还教授宗
教学、音乐、体育、

▲ 黎力基（右一）晚年在香港传教

外语等课程。这与一般私塾的教育很是不同。凌启

莲便是在义学里学习了英语和德语[1]，自此与他的父辈们有了不一样的知识结构与视角，对他的人生影响深远。

　　1854 年，韩山明因心脏病在香港去世，其工作由德国牧师韦永福接替。此前在沙头角居住的黎力基也因为各种原因来到了布隔，并开始编写世界上最早的客家方言版《圣经》。1860 年，该书以《客家俗语马太福音》的书名在柏林出版。

　　此时，巴色会依旧心心念念在李朗建教堂、建学校。1855 年，巴色会终于借江大宾的妻子叶望救的名义，在李朗购买了一块地，开始在那里建教堂、建学校。不过，由于 1856 年第二次鸦片战争的爆发，这一计划被迫中断，韦永福撤到了香港。巴色会设在布隔的学校则由华人教士负责，凌启莲也照常读书。

　　迟至 1860 年，韦永福再次返回布隔，继续他的传教、办学事业，但遭到当地村民敌视。巴色会最终放弃了布隔的宣道所，在江氏的帮助下，转而前往李朗，建起教堂和学校。16 岁的凌启莲也转去李朗继续学业。

　　也是在这一年（另一说是在 1856 年），韦永

---

[1]《布吉记忆》编委会. 布吉记忆：劳作与烽火. 北京：人民日报出版社，2020.

福等人又在李朗办了一所女子义学，由叶望救担任舍监。这是广东最早的女子学校之一，在男女极不平等的年代开办女子学校，可算是"石破天惊"之举。

　　1861年，黎力基又在香港西盘营创设了一所女校"巴色义学"，由黎力基的夫人主持。"巴色义学"被认为是虔贞女校的前身。虔贞女校于清光绪四年（1878年）在深圳大浪浪口村创办，可以说是深圳现代女子教育的发轫之地。巴色义学后来由李朗至香港又返回浪口，在此也完成了一种历史意义上的接续。

荷坳义学

　　传教士前往荷坳则要比前往布隔和李朗稍晚。1855年，在陈观海4岁那一年，德国牧师罗存德（1822—1893）到荷坳传教，住在荷坳围屋东洋围。东洋围因此被当地人称为"鬼佬楼""鬼楼"。"鬼佬""番鬼"是广东沿海旧时对红发、红须、绿眼睛的白人男子的一种略带贬义的称呼。黎力基初到布隔的时候就一度被称为"番鬼"，等到他与当地人熟识了以后，人们才改口叫他"黎先生"。[1]

　　罗存德到荷坳不久，陈观海的父母就受洗成了

---

[1] 蒋荣耀. 1840年代，洋人的深圳"朋友圈". 深圳商报，2012-06-12.

当地最早的基督徒。除了传教，罗存德也像其他牧师一样，建立义学。罗存德在荷坳片区共建立了三所学校，招收了 50 名左右的学生。[1]

1858 年，7 岁的陈观海进入乡塾读书。然而没两年（1860 年），父亲陈锦全病逝，陈观海因经济困难失学将近一年。

1861 年，郭念三牧师和吕威廉牧师到荷坳附近的蒲芦围传教，并开办医馆、义学，陈观海得以进入蒲芦围的义学读书。

1863 年，郭念三因病回国后，陈观海回到了荷坳村，在叶纳清创办的神道义学读书，与王煜初、王谦如兄弟是同学。

此前的 1847 年，当韩山明首次进入深圳的时候，叶纳清选择前往虎门附近传道。带领他前往的正是王煜初的父亲王元深（1817—1914）。王元深是东莞官涌乡人，出身贫苦的他于 1845 年赴香港谋生，在郭士立的影响下信教，成为信义宗礼贤会最早的华人牧师。

不过，叶纳清在虎门的传道并不顺利，而后辗转于东莞镇口、新安西乡一带。1853 年，叶纳清结婚了，他的妻子正是黎力基的妹妹莱克勒女士。

---

[1] 胡荣，方环海，陈秀玉 . 罗存德《汉语语法》与汉语特征研究 . 海外华文教育，2016，4（81）：562-575.

1856 年第二次鸦片战争中，叶纳清也不得不暂时撤离至香港。

过了几年，约在 1860 年，风波稍定，叶纳清没有重回东莞，而是选择到荷坳传教。根据王谦如的记载，叶纳清颇通中文，"公亦自通中土典籍。与人辩道，援引经史，虽宿儒亦不过是"。

叶纳清办义学十分严谨，除了一般的西式课程，他还请来当时的举人、秀才授课，因此，王元深从虎门将儿子们送到荷坳读书。叶纳清也没有辜负他的信任。后来，王煜初成了中国汉字拼音的先驱，他的几个儿子也相继接受了较好的教育，成为业界翘楚。

王煜初长子王宠勋曾任汉口汉冶萍煤矿公司经理。王宠勋的妻子是《华字日报》主编陈善言的女儿陈兰英。陈兰英和陈英梅二人是姐妹，也就是说，王宠勋、凌道扬二人是连襟。

还有一则关于王宠勋婚礼的小插曲。1895 年，孙中山发动第一次广州起义之前，王陈两家都已经定居香港，陈善言却特地将婚宴放在广州，时间是九九重阳节。后来广州起义失败，孙中山遭清政府通缉。前来参加婚宴的亲朋以及专程从香港来穗观礼的教会中人把孙中山围在中间，浩浩荡荡地从瑞华坊出发，步行前往大基头酒楼。清廷兵勇见到迎亲队伍，便不以为意。进入酒楼以后，孙中山端起酒杯向两家人祝福，然后登上珠江边早已准备好的汽艇，成功逃脱。[1]

王煜初次子王宠光是扬子机器厂的创始人。三子王宠佑是中国著名的矿床学家。五子王宠庆是伦敦大学教授。六子王宠益毕业于英国爱丁堡大学，医学博士。四子王宠惠更是在中国近代史上书写下浓墨重彩的一笔，他是近代中国第一张新式大学文凭的获得者，耶鲁大学法学博士；后担任过中华民国司法部部长、外交部部长，是第一个在海牙国际法庭任职的中国人，他还参与起草了《联合国宪章》。

可惜，荷坳义学只办了四年就因一场瘟疫而中断。1862—1864年，一场霍乱大流行席卷中国的大部分地区。据光绪《广德州志》卷58《杂志·祥异》记载：1862年，广德州（今安徽宣城市广德县一带）"州民……困苦流离，死者过半，至是又病疫，五月至八月积尸满野，伤亡殆尽"。1864年，江西崇仁县"十死七八，旬日之后竟市无棺，合门板盛尸，悲号之声，昼夜不绝"。广东也有6县发生霍乱，澄迈县"疫痢流行，医药无功"。[2]

---

[1] 陈晓平.孙中山的"诤友"尹文楷：曾掩护孙中山逃亡.信息时报，2014-1-13.

[2] 单丽.循海而来：清代霍乱大流行的地域分布与变迁.地方文化研究，2022，1（55）：68.

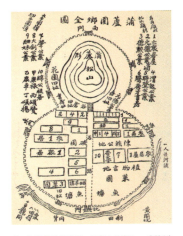

▲ 蒲芦围地形图（图片来源：《荷坳厚德堂陈氏族谱》）

荷坳未能幸免，多人感染。叶纳清参与救治，夙兴夜寐，不幸感染，"竟尔溘逝"，王谦如为其写的一篇小传记录了当时的情景："公奔往分诊。夜不解衣就榻，更深告急，束衣而往，如是者半月。日间仍课徒如常，未尝言劳。其勤敏有如此。某教友染此疾，屋主防传染，逐之出。教友无屋可归，公寓以己室，汤药自与，不假人，其小心有如此，以积劳过甚，自知不能起。"

叶纳清去世后安葬于荷坳村附近的松面仔，神道义学则迁往宝安福永，陈观海、王煜初、王谦如一同前往。

深圳第一所"大学"

让我们将目光再一次投回李朗。1864年，已经是巴色会在李朗买地以后的第十个年头。因为韦永福回国休养，新来的德国传教士贝德明（Wilhelm Bellon）接替了他的工作。贝德明不仅引入了英语课程,还开始向学生统一供应伙食而不再发伙食费。更为重要的是,他将学校的高级班划分出来,组建成新的学校,创办了存真书院,亦称传道书院、李朗乐育神学院。

书院是宋代以后教育的重要组织形式。河南商丘应天府书院、湖南长沙岳麓书院、江西庐山白鹿洞书院、河南登封嵩阳书院,为宋代最著名的四大书院。胡适认为,书院是古代"最高教育机关","为一千年来民意之所寄托,所以能代表各时代的精神。如宋朝书院,多崇拜张载、周濂溪、邵康节、程颐、程颢诸人,至南宋时就崇拜朱子,明时学者又改崇阳明,清时偏重汉学"。[1]

存真书院以书院为名,不知是有意为之,还是巧合,但可以肯定的是,它造就了深圳历史上第一所现代意义的"大学"。

几年后,存真书院的规章日趋完善,学制定为三年。课程方面,除了国文、宗教,还有伦理学、礼仪以及地理、历史、生物、医学、演说等课程。

存真书院最重要的贡献是为近现代中国输送了一系列学贯中西的人才。除了凌启莲以外,凌善

---

[1] 胡适. 胡适文集 第12册:卷四. 北京:北京大学出版社,2013.《书院制史略》为1923年12月10日胡适在南京东南大学的演讲,陈启宇笔记。原载1923年12月17日至18日上海《时事新报·学灯》副刊。

▲ 存真书院（后改名传道书院）

元、凌善昌、凌善昭、凌善永均在存真书院受过教育。第一个被巴色会送往欧洲留学的中国人陈明秀（1843—1911），后来被孙中山任命为澳洲特派员的陈安仁（1890—1964），都曾在存真书院读书。

1925 年，存真书院迁往梅州兴宁坪塘，改称坪塘神学院。据李朗人、存真书院毕业生洪德仁所撰写的《崇真会乐育神学院简史》统计，1864—1924 年的一个甲子之间，存真书院共培养了 527 名毕业生。

1946 年，乐育神学院迁到梅城西郊黄塘村。1951 年，梅州乐育神学院停办。1955 年，即凌道扬出任崇基学院院长的那一年，崇真会又在香港建立西贡乐育神学院。1966年，乐育神学院并入崇基学院。

时间再次回到当下，"道扬书院"回到故乡龙岗。由此观之，创办于1864年的李朗存真书院，也在某种意义上，同香港中文大学一起，同凌道扬一起回到了龙岗。

从"存真"，到"道扬"，唯"书院"如故。150年沧海桑田，历史接续，文脉不绝。

第 二 章
诗 书 传 家

龙岗客家在其发展过程中表现出来的文化特色，更鲜明、更突出，他们一方面仍然坚持客家的**耕读传统**，但另一方面也**重视商业**，在移风易俗的同时，表现得更加**积极进取**，正所谓"**重农不抑商**"。在不断融合的过程中，客家的观念也显现出更多**开放、接纳与包容**的特质。

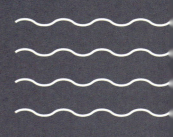

1645 年　客家的迁徙与文化

　　从 1864 年始到 1925 年止，存真书院在龙岗办学 60 余载，不仅使得一大批龙岗子弟受到良好教育，也将其教育理念、文化融入了李朗的历史与血脉之中。但如果再多问一句"为什么是李朗"就不难发现，西风东渐以后，深圳首个"大学"落户李朗，既有其偶然性，也有其必然性。

　　一如肥沃的土地才能滋养出丰硕的果实。如果说，西风东渐和传教士的到来，让存真书院的建立成为可能；那么，客家人经过千百年来孕育出的包容开放的气质、崇文重教的理念，则让存真书院"落地"李朗成为可能。

　　以客家几次大迁徙的历史观之，深圳作为一座移民城市的历史，早在改革开放之前就已经开始，一路可追溯至清、明、宋，乃至更久远的隋唐、两晋，而它作为一座移民城市的气质也是由来久矣。

客家的由来

　　有学者认为，北方山西等地区是客家人的重要族源地，如太原堂的郭、温姓，晋阳堂的唐姓，高平堂的范姓，西河堂的卓、毛、林姓，上党堂的连、冯姓，巨鹿堂的魏、莫姓，博陵堂的邵姓，河东堂的薛、柳姓。而河间、广平、中山、河东等地分别被客家詹、游、汤、吕姓视作发源地。[1]

然而落脚一方土地并不意味着安居乐业。从千余年中国政局变迁来看，每隔上几百年或更短的时间，就会发生战乱，那些北方客家先民便不得不举家南迁。

从西晋的"八王之乱"到东晋的"五胡乱华"，大量中原流民一路转徙，或至鄂皖苏，或留闽粤赣，其中的先锋部队更是远至如今的梅州大埔。这场南迁持续了170余年，促成了中国南北方不同民族间的一次大融合。

唐朝自安史之乱以后的百余年间，藩镇割据，战祸不息，民不聊生。不少人因此再度选择南迁。

事实上，"客家人"在以上提到的两次大迁徙中，尚未形成一个正式的民系，到了南宋时期，第三次大迁徙后，南迁的移民才渐渐有了"客家"之称。

南宋末年，元兵南下，文天祥起兵抗元，客家儿女纷纷跟随文天祥来到梅州，在闽赣附近与元军交战。先前居住在这里的客家人也向梅州、惠州一

---

[1] 安国强 . 客家大迁徙：上卷 . 北京：北京师范大学出版社，2015：5

▲ 建于 1824 年的吉坑世居距今已有近 200 年历史

带迁徙，这时的户籍有了主客之分，迁入的移民为客籍。自此，再迁入这里的入客籍的人大多以"客家人"自称。

　　也是在第三次大迁徙的过程中，不少客家家族几经周折，最终抵达现今龙岗区域。如龙岗布吉张氏，宋末先迁福建宁化县石壁乡；坪地（镇）石灰围、横岗（镇）萧氏 [1]，宋末先迁广东梅州；龙西巫氏，南宋先迁到福建宁化。

　　"由宁化至梅州在昔松源既接千秋世泽；自揭阳迁归邑于今坪地更开百代宗枝"，这一由坪地萧氏子孙所撰写的对联，反映了萧氏入粤的情况。宋朝末年，萧梅轩迁至梅州松源，为萧氏入粤始祖。

[1] 安国强. 客家大迁徙：下卷. 北京：北京师范大学出版社，2015：530

明万历年间，萧苍云次子萧祖任（字耀先）从淡水赶鸭群来到坪地石灰围，并在此开基立业。

荷坳陈氏和平湖刘氏，均系广府民系，但其迁入龙岗的时间与客家第三次大迁徙的时间基本重合（或稍晚）。如前文所述，陈朝举宋末先迁至东莞归德场涌口里，其后，其子陈康适携家定居荷坳；平湖刘氏是现平湖原居民第一大姓，据族谱记载，刘氏祖先最早从河北保定刘地迁到河南偃师，再到江苏、江西，宋元时期到福建，经南雄珠玑巷至东莞，明代早期由东莞迁至平湖。

迁海与复界

1644 年，吴三桂引清兵入关。1645 年，赣南客家人在宁都抗清。受战争影响，客家人再次大迁徙，也就是客家人开始第四次大迁徙，这次迁徙持续几百年，形成了许多新客家地区。深圳龙岗客家便是清初开始形成的新客家地区的产物，是客家"第四次大迁徙运动"中的一个典型。

清顺治十八年（1661 年）开始的"迁海复界"，也是客家第四次大迁徙运动的重要组成部分。清顺治年间，深圳地区受"迁海"行动影响，三分之二的百姓踏上颠沛流离的迁徙之路。新安县沿海地区一度成为无人区，到清康熙三年（1664 年）二次迁海后，新安县只剩 2172 人。[1]

清康熙二十三年（1684 年），新安县开始全面"复界"，不过，原居民迁回的极少，初时响应"招垦"的也不多。从方志和族谱资料分析，直到清康熙三十年（1691 年）后，从外部迁来的人口才慢慢增多。至清嘉庆二十五年（1820 年），新安县的人口增至 225979 人，还不包括其时仍属惠阳、东莞县的今横岗、龙岗、坪山、坪地、平湖等地；村庄则增至 570 多个，其中客家村庄达 274 个。

迁入深圳地区的人口，西部主要是增城、东莞方向来的粤语系人，东部则多是从闽粤赣山区出来的客家人。这样，就形成了深圳民系人口和地域文化独特的分布格局：西部以广府人为主，东部以客家人为主。经过康雍乾嘉 100 多年的发展，客家人在人数上逐渐占优势，到清末已占宝安地区人口近六成。[2] 龙岗地处深圳东部，更是以客家人为主，相关数据显示，龙岗地区的原居民中，客家人占比达到了八九成之多。

现今龙岗区域内的客家人，大部分是在第四次大迁徙过程中移入。例如：

清康熙五十六年（1717 年），57 岁的巫涛带

---

[1] 安国强 . 客家大迁徙：下卷 . 北京：北京师范大学出版社，2015：531.
[2] 安国强 . 客家大迁徙：下卷 . 北京：北京师范大学出版社，2015：538.

领家人经广东兴宁、惠东过界坪迁至龙岗石窝（今龙岗区龙岗街道龙西社区）。清乾隆年间（1736—1795），巫廷异的5个儿子分家，其中年纪较小的两个儿子巫荣国、巫新国看中了当时同属石窝（现位于龙岗街道五联社区竹头背居民小组）的一块土地，决定在这里兴建新的村落。现今，位于巫氏祠堂赞绪堂内的一副对联："派发平阳流溢汀洲宏系派，枝分粤岭衍蕃循峤广宗枝"，展示了巫氏一族的来历和家族壮大、人丁兴旺的愿景。

清乾隆二十三年（1758年），鹤湖罗氏的开基祖罗瑞凤从兴宁墩上迁居时属归善县的龙岗墟一带（当时龙岗墟并未建成）；大约在清乾隆中后期（约1780年前后），茂盛世居的创始者何维松、何维柏，也从原籍兴宁县永和乡炉铺岭村来到横岗创业；清光绪六年（1880年），龙东叶氏的开基祖叶树棠斥资8万两白银，开始在兰水垾一带建宅定居……

客家人的迁入改变了新安地区的文化分布，同时也让客家文化一次次进行融合与再造。客家人自北而南离开熟悉的家园抵达这个陌生之地，不仅是维持家族生计与绵延的尝试，也是精神的探索与拓荒。第四次大迁徙而来的客家人，在文化观念上都或多或少地发生一些变化和进步。深圳（龙岗）客

鹤湖新居内举办的罗氏家族迁徙展（鲁训告摄）

家在其发展过程中表现出来的文化特色，更鲜明、
更突出，他们一方面仍然坚持客家的耕读传统，但
另一方面也重视商业，在移风易俗的同时，表现得
更加积极进取，正所谓"重农不抑商"。在不断融
合的过程中，客家的观念也显现出更多开放、接纳
与包容的特质。

1717年 客家围屋的文化传承

在龙岗区横岗街道茂盛路169号，坐落着一座融合了西式风格的传统客家围屋，这便是由何氏家族建造的茂盛世居。围屋为矩形围城式建筑，横宽83米，纵73米，墙高7米、厚约70厘米，建筑面积6300余平方米，建成至今已经200余年。

围屋前有月池，后有风水林，象征着"官帽"的镬耳墙高高耸起，四角互相呼应的碉楼造型一致，飞檐造势，屋脊共有八支叉戟直指天空，气象威严。

在龙岗区域内，如今仍保存着几十处像茂盛世居这样的客家围屋。这些靠着客家人的勤俭所建立起来的围屋，在某种程度上好似客家祖训的"外化"，一代代传承，直至今天。

重农不抑商

据龙岗罗瑞合村罗氏族人讲述，罗瑞凤到达龙岗时已经44岁。初至龙岗，无地无产，只好开垦荒地，努力耕种。客家人的土地在山边，能够旱涝保收的不多，务农为生的罗瑞凤饱尝其中艰辛。为摆脱困境，罗瑞凤开始尝试经商，到龙岗墟做些小生意。相对于"重农抑商"的传统而言，罗瑞凤的这一决定是一个不小的突破。

最初，罗瑞凤在龙岗墟卖娘酒[1]。在既无资本，又无经验的情况下，罗瑞凤白手起家，"利用客家传统的娘酒手艺，一靠智慧，二靠诚信，三靠勤俭，从小贩做起，往来于龙岗、凤岗（现属东莞）之间，挑担赶墟，经过多年发展，在凤岗塘沥创办瑞合商号，成为远近闻名的商人"[2]。

关于罗瑞凤的勤俭节约，罗氏族人口口相传着这样一个故事：罗瑞凤省吃俭用，每天凌晨出门，箩筐中都装一块泡过盐水的鹅卵石，吃饭时就拿出来舔一舔，当下饭菜。

尔后，罗瑞凤的两个儿子罗廷龙、罗廷贵长大，罗瑞凤父子又在凤岗、龙岗等地相继开糖寮、榨油坊，家族产业进一步做大。到19世纪初叶，龙岗墟内八成商铺都归鹤湖罗氏所有，鹤湖罗氏所拥有的土地则遍及惠、东、宝地区。

何氏兄弟的经历与罗瑞凤颇为相似，据何氏族谱记载：何维松、何维柏两兄弟到达横岗后，从发

---

[1]娘酒是客家人用糯米酿造的一种酒，属于黄酒，其制作历史悠久、方法独特，是客家人节日、庆典中必备的饮品。

[2]鹤湖新居内深圳龙岗客家民俗博物馆关于罗氏家族的介绍。

▲ 茂盛世居内景（鲁训告摄）

豆芽、磨豆腐、卖烧酒等小生意做起，而后开货栈、建酒坊，建养猪场、屠宰场，终于在横岗圩创办"茂盛"商号。两兄弟的父亲叫"俊茂"，商号取名"茂盛"，既是为了纪念父亲，也寄托了家族繁盛的心愿。过去，横岗酒潭河阻隔了盐田、沙头角、石马、畔田、平湖等村群众往来，何氏致富后慷慨解囊，新建了一座长数十丈、宽一丈的石桥，以利乡民。

叶树棠创办的商号"骏兴祥"，其经营区域更是远至海外，不仅在广东，在香港和东南亚地区都有分店。如今，"骏兴祥"仍在马来西亚首都吉隆坡经营。

鹤湖罗氏、横岗何氏、龙东叶氏代表了当时的客家人。他们在面对陌生环境时的选择，不约而同地向"重农抑商"的传统发起"挑战"，不仅改变了自己、家族的命运，也深刻影响了后世子孙的道路走向。无论是在后来的客家第五次大迁徙中，远赴海外靠小生意白手起家，还是在此后的改革开放浪潮中，迅速跟上时代潮流开拓创新，客家人都展现了他们从祖辈那里继承而来的拼搏精神、开放气质、商业天赋。

客家围屋与祖训

出深圳地铁3号线南联地铁站，向北步行一公里，就到达了位于龙岗街道南联社区罗瑞合北街1号的鹤湖新居。罗瑞凤靠经商发家之后，便购田万顷，置商肆百余间。清乾隆年间，罗瑞凤始建鹤湖新居，至道光年间（1821—1850）整体建成。这座著名的客家围建筑群落已经在龙岗矗立了200余年。建筑围墙呈米黄色，墙体上散布的墨色苔斑是岁月凝固的痕迹，与屋瓦呼应，肃穆而端庄。

鹤湖新居占地14432平方米，加上半月池、禾坪，总占地面积达25000平方米。鹤湖新居融合多种风格，其中包括中原府第式建筑、赣南客家四角楼、粤东兴梅客家围龙屋以及广府"斗廊式"的建筑特色。从这些建筑风格，可以清晰地看出客家人从中原到江西，再从粤东到广府地区的迁徙过程

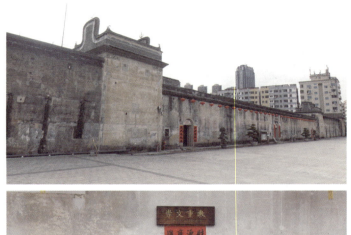

▲ 鹤湖新居内外景（鲁训告摄）

中所留下的文化影响。

　　距鹤湖新居西南方向十来公里处，便是茂盛世居。茂盛世居又称为"茂盛围"，于清嘉庆年间（1796—1820）动工兴建，清道光初年（1821年）建成，历时十余载，距今已经有200余年历史。扎根横岗，茂盛世居中的何氏族人延续着舞麒麟、唱客家山歌、吃艾叶粄和大盆菜的传统，不同风格的文化在这里相互影响，相互融合。

茂盛世居整个建筑群落包含主体建筑、月池、风水林，是深圳为数不多、保存最完整的客家围屋之一。主体建筑为标准的"九厅十八井，四角走马楼"格局，由正门进入，前后两院，左右四进。其墙体用混合红糖、糯米、猪血的三合土夯实而成，历经岁月的洗礼虽已斑驳陆离，遍生青苔，却仍旧坚固如旧。沿着茂盛世居外漫步，会发现围墙上遍布枪眼，四角还设有碉楼互相照应，防御设施完备。这也在某种程度上反映出客家人因战乱而历经迁徙与因在异地生存艰难所建立的防患意识。

茂盛世居还兼具广府民居和欧式建筑风格。四角碉楼的镬耳建筑风格便是融合了广府建筑风格。右外天街至今保存两栋西班牙风格建筑，由海外华侨何国璋从加拿大回乡后建造，他还出资修葺茂盛世居，添加了不少西洋风格的建筑构件。客家、广府、欧式的融合，与沿海文化有莫大的关联，也体现了客家人开放、包容、接纳的品性。

茂盛世居开始修建的时候，龙西巫氏客家围屋七星世居已经建成。七星世居占地面积约5500平方米，约于清嘉庆五年（1800年）建成，本地居

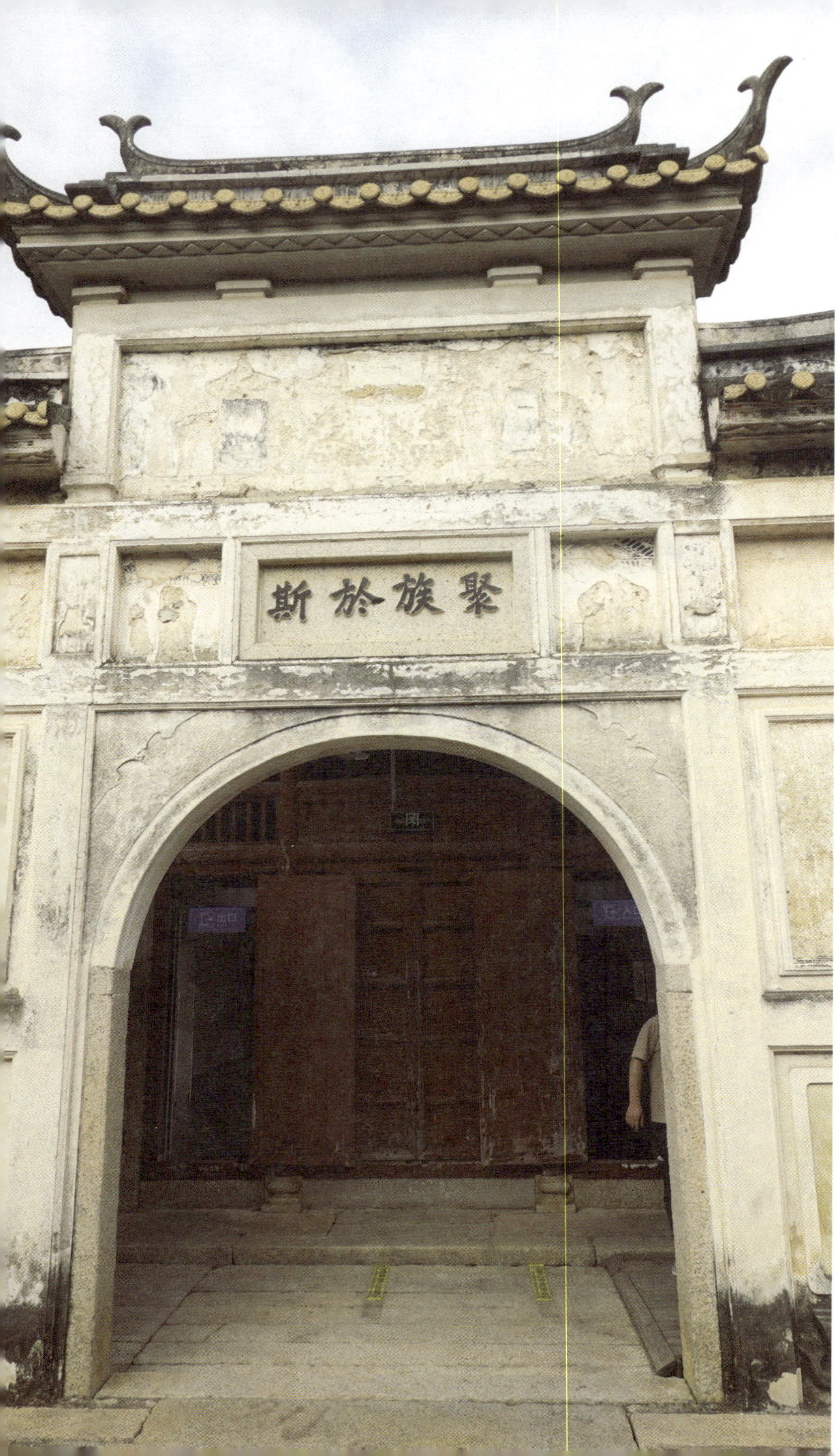

◀鹤湖新居内外景（鲁训告摄）

民称其为"竹头背围屋"。

位于如今宝龙街道龙新社区的环水楼始建于1880年，建成于1898年，比鹤湖新居、七星世居、茂盛世居建成都晚，但距今也已经有100多年历史，门楣上悬挂着三块"岁进士"的匾额，昭示着叶氏家族诗书传家的传统。

环水楼外的禾坪上，建有下马石和旗杆石。鹤湖新居外的禾坪上，至今也仍存有一旗杆石。在明清之际，旗杆石是族中子弟中举人、中进士的标志，也是激励后进勤学的"标杆"，是客家人崇文重教的写照。

200多年历史的鹤湖新居、七星世居与茂盛世居，100多年历史的环水楼……推开这些客家围屋的大门，那些"耕读传家"的祖训，也一一展现在人们的面前。

例如，鹤湖罗氏家训教育子孙"学为日益"，唯有"春诵夏弦，苦心孤诣"，方能有所成就；平湖松柏围刘氏宗祠藜映堂里的箴言则更为直接，"书犹药也，善读之可以医愚"。[1] 正是在这些围屋、祠堂中，一间间秉持着"耕读传家"祖训的私塾建立了起来。

---

[1]该箴言源自西汉刘向，意思是读书可以治愚，使人变得聪明。

1765年 "每一个村落都有祠堂，都有学校"

清末时期曾在嘉应州传教的法国天主教神父赖嘉禄，在其所著的《客法词典》自序中对当地祠塾有过详细的描述："在嘉应州这个不到三四十万人的地方，我们可以看到随处都是学校……在乡下每一个村落，尽管那里只有三五百人，至多也不过三五千人，便有一个以上的学校，因为客家人的每一个村落都有祠堂，那就是他们祭祀祖先的所在地，而那个祠堂就是学校。"[1]

赖嘉禄所说的这种情况，同样也适用于龙岗的客家村落。虽然经历时代变迁，许多客家私塾已不可考。但透过那些仍有传承或经家谱记载的一间间客家私塾，仍能约略感受到几百年间客家村落、客家民系"诗礼耕读传家"的传统。这些，也构成了此后百年兴学助教、尊师重教的精神资源。

这一时期的私塾主要有：鹤湖新居诒燕学校、茂盛世居冠英书屋、李朗江氏乾元书室（冠英书室、世芳书室）、环水楼叶氏崇正学堂、平湖刘氏（广府）

<hr />

[1] 赖嘉禄. 客法词典，香港：巴黎外方传教会那匝勒印刷馆，1926.

鹤轩书室、荷坳陈氏（广府）静安书室和兰桂书室。

诗书继世长

客家人信奉"耕读传家久，诗书继世长"的格言。考察龙岗区域仍有记载的客家（广府）私塾，历史最为悠久的或为李朗江氏所建的乾元书室。清乾隆三十年（1765 年），下李朗村江龙跃赴广州参加院试考中秀才，随后返乡创办乾元书室、冠英书室、世芳书室，后由江朝汉合并为乾元书室。到今天乾元书室已有 257 年历史。

建鹤湖新居之初，罗瑞凤便选定内围望楼作为学堂，并沿用祖堂诒燕堂之名，叫诒燕学校。"诒燕"取义于《诗经·大雅·文王有声》："诒厥孙谋，以燕翼子"，其意思是为子孙谋划、福荫后代。

茂盛世居建成后，何维松、何维柏两兄弟又在旁边建了十数间房子作为冠英书屋，世称"大书房"。私塾建成后，何氏一族请来名师，不但接收本族子弟入学，也招收邻里学童。据何国璋的幼子何加瑞生前回忆，他和一个哥哥三个姐姐，幼时都曾在冠英书屋读书。

环水楼叶氏家族素重礼教，曾在淡水兴办荣庭学校、静野学校、腾云私塾、挺秀书院等。叶树棠好学，长子叶伯熙作为环水楼建成后的第一位当家人，在清光绪二十二年（1896 年）获赐"岁进士"功名，这些都为环水楼私塾的建设奠定了基础。

早在环水楼设计之初，叶氏便规划了一座学堂，依康熙《圣谕》中"隆学校以端士习，黜异端以崇正学"之言，取名为崇正学堂。环水楼主体完工次年，崇正学堂正式动工。值得一提的是，这座学堂并未建在环水楼的高墙之内，而是建在环水楼东侧，占地面积 1300 多平方米。除了叶氏子弟，兰水坐村的林氏、李氏、江氏子弟也都可以在此读书，先后有千余名学子在此启蒙。

鹤轩书室是平湖创立最早的私塾，坐落在红朱岭老围村西北角，即现平湖新南小学院内教学楼的东南面。书室由刘氏先祖刘晓阳创办于清嘉庆年间，距今已有 200 多年历史。整座建筑集祖祠、书室及武馆功能于一体。此外，雕虫书室和雕龙书室也是平湖知名的私塾，在平湖教育中起到过重要的作用，刘彭龄担任纪劬劳学校校长前，就是在雕虫书室任教。

荷坳陈氏谨记"读书为重"的祖训，先后建有多座学堂教育子弟，包括建于清咸丰末年（1861 年）的静安书室以及建于清光绪末年（1908 年）的兰桂书室。《荷坳厚德堂陈氏族谱》记载，静安书室为陈静波所建，为小房子弟书室，占地面积有 200

平方米。1999 年旧村改造，建造荷坳新村时被拆毁。

这一时期的私塾，大多建于家族祠堂内，一般以招收家族子弟为主。家族子弟免费入读私塾，其支出则依靠"烝尝"解决。"烝尝"通常称为"公尝田"，包括耕地、山林、果园、店铺等，"公尝田"的收益一般用于合族的祭祀或者办学等，在某种程度上保证了族内公平，让相对贫困的族人也能参与家族事务、接受教育。

兰桂书室

荷坳兰桂书室由荷坳陈氏静安堂陈毓之次子陈瑞屏所建，始建于清光绪末年，属于私塾，不过其历代的建筑风格已经渐渐有了新式学堂的端倪。

陈瑞屏曾考取秀才，一生都留在荷坳教书，一家人也居住在兰桂书室。直至 1949 年后，陈瑞屏的妻子逝世。兰桂书室建成后百余年间，几经修缮，受传教士和留洋归国村民影响，内部装修越来越西化，甚至借鉴西洋教堂装饰，采用了大量西洋风格的灰塑，堪称"深圳洋化风格最突出的古建筑"，因而也成为深圳最有代表性的私塾之一。

如今，兰桂书室由区政府出资修葺，被核定公布为龙岗区"不可移动文物"。修旧如旧的兰桂书室面阔 11 米，进深 15 米，总面积 165 平方米，内有"三间二进"。大门门额上书颜体"兰桂书室"四字，字体雄浑、圆润。东西南北四方檐下，分别彩绘了梅、兰、竹、菊，空白处书写了苏东坡《江城子·密州出猎》，或意在熏陶学子们汪洋恣肆的心胸，又或意在教育子弟们常怀报效家国之志。

兰桂书室最具特色的是各边门周边的西式浮雕，浮雕内容包含动植物纹彩，上面镶嵌玻璃，风格接近基督教教堂。

中西合璧的兰桂书室不仅是荷坳片区乃至龙岗兴办教育的痕迹，也是中西文化碰撞的宝贵见证，具有较高的保护价值和观赏价值。

在龙岗的私塾史上，兰桂书室更可以说是一个极为特殊的存在。它在办学上上承私塾的传统与情怀，其西化的建筑风格又下启新式学堂的兴起。在某种程度上，兰桂书室里的那些浮雕与绘画，标志着一个新的时代即将来临。

▲ 兰桂书室

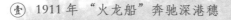

第 三 章
新 式 学 堂

以**地方乡贤**为代表的旧式知识分子，在新文化运动的影响下，开始意识到旧式的私塾教育已不能适应新时代的潮流，他们自觉地**接受新思想、发展新式教育**，或**创建新式学堂**，或**将私塾改造为新式学堂**，开启了一个新的时代。

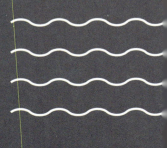

1911年　"火龙船"奔驰深港穗

　　1908年，兰桂书室的建立标志着龙岗的教育进入了一个新的阶段：从旧时的私塾、外国传教士所建立的教会学校，开始向本土化的新式学堂转变。

　　这些学校或由本地的私塾转变而来，或直接由本土的乡贤捐赠。除了校舍的外在建筑风格的改变，伴随着科举制被废除，学校所教授的知识、课程的设置、老师的构成，也开始发生巨大的改变。

　　有意思的是，这一股"新风"的吹拂，与广九铁路上"火龙船"的汽笛声相应。1911年，广九铁路正式开通，此后百余年间，它联结南粤与香港，它所串联起来的平湖火车站、布吉火车站，乃至九龙站、樟木头站，则仍旧发挥着纽带作用。

广九铁路上的龙岗车站

　　1842年，英国租借香港岛以后，便宣布香港为自由港，至19世纪中后叶，香港渐渐发展为亚洲重要的货物转口港，加之清末政局飘摇、内外战争交织，大量华南商人进入香港，粤、港之间的人口、货物运输日趋频繁，对交通的需求与日俱增。

甲午战争（1894 年）以后，列强对中国铁路权益的争夺日益激烈。英、俄、法、日、德、美等国，掀起了瓜分中国路权的第一轮高潮。1899 年 3 月 28 日，铁路督办大臣盛宣怀代表清政府与英国签订了《广九铁路草合同》。广九铁路分"英段""华段"两部分。英段从深圳至九龙，由英国负责修建；华段从广州至深圳，由清政府负责修建。清光绪三十三年（1907 年），中英政府正式签订《广九铁路借款合同》，清政府向英国贷款 150 万英镑，贷款条件极为苛刻，借款利息为年息 5 厘，折扣 94%，也就是说，每向英国贷款 100 万英镑，实收只有 94 万。

除了在借款合同上的不平等，广九铁路一旦修通，势必会让英国的野心加大，英国军队从香港进入新安、广州的速度将会加快。[1]

不过，即使面对这样的艰难困苦，广九铁路也仍然在某种程度上寄托着以南粤知识分子为代表的时代精英们"师夷长技以制夷"的政治理想，寄托了他们修路富民、实业强国、振兴中华的良好愿望。

广九铁路华段由中国首位铁路总工程师、中国第一批"留美幼童"詹天佑（1861—1919）担任顾问。

---

[1] 刘中国，余俊杰. 刘铸伯传. 广州：花城出版社，2017：305.

▲ 1911年10月，广九铁路华段通车，蒸汽火车（二号机车）抵达深圳

广九铁路深圳段总共设五站，除深圳墟站、深圳站外，布吉、李朗、平湖三站均在龙岗。这里还有一个有意思的细节，布吉原名布隔，正是因为在此开设布吉火车站，从此布隔改称布吉。[1]

　　负责东莞和深圳段（石龙至罗湖）的测量、绘图与建筑工程等工作的是凌道扬的八叔凌善芳。凌善芳和詹天佑是校友，但他进入耶鲁大学的时间，比詹天佑晚了近20年。二人在耶鲁大学所学的都是工程学。一般认为，布吉设站与凌善芳有关。另据廖虹雷考证，凌善芳所做的工作还要更多。广九

[1] 龙岗区地方志编纂委员会. 龙岗区志（1993—2003年）下卷：第十一篇 建制镇. 北京：方志出版社，2012.

铁路经南粤水乡，河涌交叉，桥梁隧洞多，地形复杂，沿途需要修建多座桥梁、隧道，全线数十座桥梁项目也均由凌善芳负责设计施工。[1]

甲午战争前后，清政府中的保守派认为，电灯、电话乃至铁路都是"奇技淫巧"，甚至洋务派的主要领导人李鸿章在最初也对修建铁路怀有抵触情绪。[2]清光绪二年（1876年），英国怡和洋行擅自修了一条从上海到吴淞的铁路，全长14.5公里。第二年，清政府花费28.5万两白银赎回。其后，在极端守旧派的坚持下，这条花费巨资的铁路并没有被利用，而是直接被拆除。[3]在全国都对"洋务"心怀芥蒂的情况下，远在南方一隅的布吉也没有例外。在此种情境下，除了承担诸多工作，要面临体力和脑力上的考验以外，凌善芳还承受了来自本地风俗的挑战。凌道扬在《片断回忆》一文中回忆："我清楚记得，芳叔在我的家乡布吉村准备建筑火车站的时候，所遭受的艰苦，甚至几乎被人暗算，当时那里的村民，是最迷信和最激动的，他们认为火车站的建造，会破坏整个乡村的风水。"[4]

---

[1] 廖虹雷. 广九线上罗湖桥. 文化天地，2020，4（83）：33.

[2] 同治朝筹办夷务始末 卷五：同治六年十二月湖广总督李鸿章奏 // 潘向明. 唐胥铁路史实考辨. 江海学刊，2009，4：185-191.

[3] 周辉湘. 重评淞沪铁路之兴废. 衡阳师专学报（社科版），1988，2（33）.

[4] 凌道扬. 片断回忆 // 刘中国，余俊杰. 凌道扬传，香港：公元出版社，2008.

▶ 广九铁路发行债券

大约正是这种内外的压力，导致凌善芳积劳成疾，在广九铁路建成的那一年，不幸英年早逝，年仅 28 岁。

凌道扬写作《片断回忆》一文时，距离凌善芳去世已经多年，凌善芳的贡献与价值终于被乡里认可，"布吉的居民，已经很开通了，对于芳叔的远见，和他对本村的贡献，有着深切的感戴。""芳叔实在是一位了不起的人"。

布吉设站，乃至整个深圳段的铁路建设，凌善芳都付出了辛勤的劳动。平湖设站，则源自平湖乡贤刘铸伯（1867—1922）的争取。

刘铸伯是新安县平湖墟元屋围人（一说述昌围），原名刘鹤龄，字守真，号铸伯，[1] 他是 19 世纪末、20 世纪初叱咤香港的杰出商人代表，曾任香港华商总会主席、香港定例局议员等。

平湖地处僻壤，不近江河、不靠湖海，广九铁路在最初设计的时候，不仅没有在平湖设站，而且其行车路线也远离平湖。19 世纪末至 20 世纪初，刘铸伯常年往来香港与家乡平湖之间，两地之间交通的不便、经济的差距应使他深有感触。刘铸伯意识到，铁路的开通是促进平湖发展的良机，千载难逢。于是，一方面，刘铸伯利用自己的人脉，多方

---

[1] 刘中国，余俊杰. 刘铸伯传. 广州：花城出版社，2017：19.

▲ 广九铁路华段通车仪式

争取，促成省港大吏同意修改设计图，在平湖设站；另一方面，他力排众议，说服平湖乡亲改变旧俗接受火车站这一新事物；同时，他还个人出资承担了修建平湖火车站的所有费用。

1911年8月17日，广九铁路华段全线通车。1911年10月4日，开行了广州、香港九龙之间的直通列车。

而在此之前的5月至9月间，因清政府颁布"铁路干线国有"政策，将已归商办的粤汉、川汉铁路收归国有，任命端方为督办粤汉川汉铁路大臣，并与英、法、德、美四国银行团签订《湖广铁路借款合同》等一系列"出卖筑路权"的合约，激发了湘、鄂、川、粤四省各阶层的强烈不满，掀起了四省"保路运动"。保路运动在某种程度上，有力地催化了辛亥革命的爆发。

1912年2月12日，宣统帝退位，清王朝正式终结，延续了2132年的封建帝制也寿终正寝。颇为巧合的是，历史的车轮滚滚向前，恰好与火车的车轮相并行。

刘铸伯的多方斡旋和个人捐助，才促成了平湖火车站的修建，使得此地有了通达广州、深圳、香港、东莞的大动脉。平湖火车站位于龙岗区平湖街道上大街119号，距离广州站127公里，距深圳站20公里，距九龙站52公里。该站自设站以来，虽几经兵燹，几度停运，但百余年不曾易址，至今仍在运行，甚至还开通了远至哈萨克斯坦、俄罗斯、白俄罗斯、波兰、德国等国的中欧班列。

平湖新墟

平湖站是广九铁路广州方向进入深圳的第一站。缓慢的列车，就这样载着一车车货物、居民，驶入了中华民国，驶入了一个新的纪年。

私塾这一传统教育模式，也与中国人的教育渐行渐远。

平湖建墟始于明嘉靖元年（1522年），至

2022年，正好500年。墟是岭南地区的俗称，也就是通常意义上所说的市、集。明末清初学者、"岭南三大家"之一的屈大均，在其《广东新语》一书中这样解释："粤谓野市曰虚，市之所在，有人则满，无人则虚。满时少，虚时多，故曰虚也，虚即廛也。"[1]

清乾隆年间，平湖墟扩建，鼎盛时期开有粮油、烟酒、布匹、杂货、裁缝等商铺二十余间，甚至还开有烟馆、妓馆。平湖墟墟日为农历三、六、九。每逢墟日，附近平湖村、鹅公岭、上木古、下木古等自然村的村民纷纷前往购物和出售农副产品。逢年过节，就连居住在香港上水、大埔的居民都前来购买烧金猪和石硖龙眼。

到清嘉庆道光年间，随着平湖周边的观澜墟、（布吉）丰和墟相继建立，加之清末战争不断，墟市时断时续，平湖墟日渐衰落。

广九铁路的修建和刘铸伯的努力，改变了这一状况。广九铁路开通后，极大地方便了物流、人流、资金流和信息流，

▲ 刘铸伯

---

[1] 屈大均. 广东新语（下）：岭南篇. 北京：北京瀚文典藏文化有限公司，2013.

广九铁路沿线的平湖墟、布吉墟、观澜墟、深圳墟也渐渐繁荣了起来，这几个中心墟市各有特色、各展其长。

平湖墟的繁荣，一方面与广九铁路开通后的区位优势有关，另一方面则同样归功于刘铸伯的个人努力。

平湖设站以后，刘铸伯利用交通优势，委托香港著名的设计师规划并亲自参与设计，选址旧墟以北、平湖火车站以南，开设平湖新墟。

约在1916年，平湖新墟建成。新墟呈"田"字形，上下总共六条街道。街道宽阔规整，房屋和店铺鳞次栉比。平湖新墟内不仅开设有客栈、饭店、商场及百货等店铺，还建有织布厂、医院、学校等。商铺主要由刘铸伯开设的昌裕公司经营（后改名为益民公司）。平湖新墟一跃而成为深圳地区规模最大的墟，其规模则已经近乎一个墟镇。

中华民国时期，深圳地区约有44个大大小小的墟，其中平湖墟、深圳墟、沙井墟等7个墟市，成为第一梯队的中心墟市。

广九铁路的便利和平湖新墟的建设，奠定了平湖作为惠、东、宝三地交会处的交通枢纽地位。

惠阳的木材和竹木制品，东莞产的农副产品，广州批发的百货和食品，香港的洋火、洋布、洋伞等，摆满了平湖墟内的商铺；平湖及周边地区出产的沙梨、柿子、蔗糖等，也被销往香港、广州。墟日仍旧定在三、六、九，近处如上下木古、山厦，远至横岗、甘坑、龙华，商人、村民纷至沓来，热闹非凡。[1]平湖成了惠、东、宝的贸易中心。

　　至今，益民公司所在的碉楼，仍旧屹立在平湖的街头，历经战争与岁月的洗礼而屹立如旧。现今由平湖新墟至凤凰山的守真街（现名为守珍街），仍然是平湖最重要的商业中心，被誉为深圳"东部小东门"。

[1]《百年平湖书系》编写组.百年平湖书系：城变 迈向现代化的平湖路径.
北京：中国文史出版社，2018：44.

1915 年 纪劬劳：龙岗第一所新式学校

平湖新墟建成的那一年——1916 年前后，在近代历史上，甚至是世界近代史上是多事之秋。

1915 年，距离封建帝制被推翻，不过仅仅三年多，袁世凯便推翻共和，复辟帝制，惊诧国人。1916 年 1 月，蔡锷将军宣布讨伐袁世凯。3 月，称帝仅 83 天的袁世凯退位。6 月，袁世凯病逝。8 月，黎元洪宣誓就任中华民国大总统。11 月，蔡锷病逝。

然而，远在南国一隅的宝安县平湖，却有了一种新的气象——自 1915 年就开始筹办的"宝安县平湖纪劬劳国民学校"终于正式落成。如今，这栋黄墙青瓦的二层小楼仍旧矗立在平湖街道新南社区老街 10 号。回望百年，纪劬劳学校不仅是整个龙岗第一所现代意义上的新式学校，[1] 也是迄今为止保护最为完整的一所民国时期的学校。

---

[1] 新木小学、横岗中心学校等几所学校的校史记载其创办于 1915 年，但遗址已不存。另外，纪劬劳学校虽然 1916 年才落成，但 1915 年即开始筹备建立。

开新式教育先河

1916年腊月初七这一天，刘铸伯搀扶着77岁高龄的母亲伍氏，与自己的儿孙一道，乘坐广九铁路列车专程回到平湖，参加纪劬劳学校和念妇贤医院开幕典礼。[1]

1917年1月3日，《香港华字日报》发表了《平湖医院学校开幕纪事》一文，详述纪劬劳学校开幕当日的盛况：平湖火车站人山人海，平湖新墟冠盖如云，热闹空前。省中政界大员，港中中西巨子，到会者济济有众。当时到会的省中要员有朱庆澜（时任广东省省长）、罗树森、胡清瑞、吴在民、魏邦屏等百余人，香港名流则有罗士、何东等二百余人。

纪劬劳学校坐落于平湖火车站东面不远处。初建成时，纪劬劳学校内有教学楼一座，两层瓦面大屋，为砖木及钢筋混凝土结构，硬山顶、覆小青瓦，建筑面积464平方米，可容纳数百名学生共同学习。后面原有瓦面平房、运动场、花园、草坪、厨房等，四周为围墙，占地面积约1500平方米，可惜现在均已不存。[2]

"纪劬劳"取自《诗经·小雅·蓼莪》："蓼

---

[1] 刘中国，余俊杰. 刘铸伯传. 广州：花城出版社，2017：1.

[2]《百年平湖书系》编写组. 百年平湖书系：世纪 百年平湖的记忆荣光. 北京：中国文史出版社，2018：26.

蓼者莪，匪莪伊蒿。哀哀父母，生我劬劳。"

如今，"学校"二字早已稀松平常，但在20世纪初的中国，纪劬劳以"学校"二字命名，可谓开风气之先。据《粤海道尹王典章巡行日记》，1917年，道尹王典章曾到宝安县考察，发现深圳墟内有私塾七所，却没有一所新式学堂。[1] 繁华如深圳墟尚且如此，可见刘铸伯于平湖墟内创办学校，实属卓识远见。

百年来，纪劬劳学校校内建筑基本保持了原貌。2001年6月，纪劬劳学校被列为龙岗区重点文物保护单位。学校大门向西北，门额刻有"纪劬劳学校"，落款为"丙辰年春月吉旦 男鹤龄敬设"。

距离平湖火车站和纪劬劳学校均不远的念妇贤医院，坐北朝南，为三开间二层砖木结构瓦面大房，占地面积300平方米左右。念妇贤医院开业之初，有四五位医生，后来又从香港请来医生。念妇贤医院中西医并重，设有门诊和住院部，还开有妇科、产科。其规模和设施，在当时的整个深圳地区处于领先地位。

当时的广东省省长朱庆澜、督军陆荣廷赠碑留文，要求军民保护学校和医院，不得侵扰，可见身处变革时代，要维持学校、医院"以成善举"，实

---

[1] 胡洪侠.钱锺书都给他的诗集写序.经济观察报，2022-7-28.

为不易，而新事物又总需要经过更多的时间方为人们所接受。

朱庆澜的文告称："须知此校原为教育乡人而设，务宜合力保护，俾垂久远，倘敢肆行骚扰，定当重惩不贷。"

陆荣廷则对刘铸伯慈善之举进行了褒奖："该绅独立捐资，在平湖乡倡设学校医院各一所，具见热心公益事业，殊堪敬佩。"

平湖著名文人刘彭龄（1874—1929）成为纪劬劳第一任校长。这位"末代拔贡"，当时正在其父亲开设的私塾"雕虫书室"教书。1909年，当26岁的凌善芳正在为广九铁路呕心沥血之际，时年35岁的刘彭龄通过了礼部的朝考，成了清朝最后一代贡生。刘彭龄的父亲也曾考取贡生，二人在平湖有"父子岁拔"的美誉。

刘铸伯与刘彭龄是旧相识，建立纪劬劳学校之初，刘铸伯就有意聘请刘彭龄出任这座新式学校的校长，两人一拍即合。

"居庙堂之高则忧其民，处江湖之远则忧其君"始终是中国知识分子的信念。1898年，刘彭龄在北京游学期间，曾经参加过由康有为主持的"保国会"第二次集会。在辛亥革命前后，刘彭龄还和省港20多位文人共同组织了"桐山诗社"，探讨国家的前途、

▲ 纪劝劳学校外景

民族的未来。现今，中山大学、香港大学等处仍保
存有"桐山诗社"诸人的相关诗集。

从刘彭龄管理纪劝劳学校的经历来看，他虽然
是末代贡生，曾当过私塾先生，但思想非常开明。
担任校长后，他立刻就让自己 11 岁的儿子刘仲德
不再接受私塾教育并转入纪劝劳学校。1929 年刘
彭龄逝世以后，在平湖人的推举下，刘仲德又接过
接力棒，成为纪劝劳学校第二任校长。

在刘彭龄的推动下，纪劝劳学校开设了算术、
理化、体育、艺术、音乐、自然科学、西洋历史、
道德修养等课程，小学学制采取六年制，进行分级、
分班教学，摒除了过去私塾教学死背经典，不论学
生学业程度而统统置于一室的教学方式。纪劝劳学

校的这些举措，无疑开了平湖国民新式教育的先河，甚至也开了龙岗国民新式教育的先河。

▲ 刘仲德像（刘旦华供图）

为了新的教学模式能发挥作用，刘彭龄为学校聘请的教员也大多是主张变革的有识之士，他们关心时局，向学生传播新思想，在这些教员的熏陶下，纪劬劳学校的学生受到了新思潮的洗礼。[1]

由于实行新教育体制，纪劬劳学校很快就成为平湖片区的"名校"，不少学生都慕名前来。到1924年，纪劬劳学校已有学生约180名。

虽然早在1864年，外国传教士就已经在李朗创办存真书院；1908年的兰桂书室，从建筑到课程设置也已经渐有新式学堂的雏形。不过，无论是从形式还是办学内容而言，直到刘铸伯在平湖创办纪劬劳学校，龙岗教育才算真正迈入了新的时代。

"哀哀父母，生我劬劳"

刘铸伯在致广东督军陆荣廷的信函中叙述其创

---

[1]《百年平湖书系》编写组.百年平湖书系：世纪 百年平湖的记忆荣光.北京：中国文史出版社，2018：29.

办纪劬劳学校的初衷："窃以敝乡平湖村居僻壤，风气固塞，学务不兴，地复瘠贫，人多失学，处此生活程度日高之时代，以智识不开之贫民，夫何以自立？仆情关故里，言念之下，用是矜怜，爰解私囊，倡办小学一所，名曰'纪劬劳学校'。"[1]

不过，于刘铸伯本人而言，创办纪劬劳学校，还有更深层的意义，即为纪念他的父母。在给陆荣廷的信中，他说道："念家慈养育之劳，底仆于成，乃有今日，爰命是名，以留纪念，永志不谖。"

刘铸伯的父亲在香港做小本生意，在刘铸伯12岁时感染时疫，一病不起，撒手人寰。母亲伍氏为求生活，在街边替人缝洗衣服，兼做短工。即使生活艰辛，伍氏也没有让儿子放弃读书。

因为家境贫寒，刘铸伯入学较晚，过了7岁学龄，才在他自己的请求下，被父亲送到西营盘的冯富义塾。义塾，是指慈善机构资助的华文学校，由塾师教授识字、算术等简单课程。刘铸伯学习十分勤奋，每次考试都名列前茅。

1879年，刘铸伯以第一名的成绩进入中央书院读书。中央书院于1862年创办，由港英政府资助，英国法学博士史钊域为首任掌院。中央书院采取中西结合的教育方式，既教授《论语》《孟子》等儒

---

[1] 刘中国，余俊杰. 刘铸伯传. 广州：花城出版社，2017：315.

家典籍，又开设英文、算术、化学、几何等课程，培养出不少学贯中西的人才。1884—1886年间，孙中山曾就读于中央书院。何东、何福、霍英东、廖仲恺等政商名人也均是中央书院校友。

自中央书院毕业后，刘铸伯因成绩出众，进入香港天文台担任翻译。因为学识出众，他得到台湾巡抚刘铭传赏识，出任淡水西学堂教员兼洋务委员，后被擢升为总教员。但因经费不继，学堂不久停办，刘铸伯于是回港投身商界，辗转成为屈臣氏公司买办。

经过多年的奋斗，到20世纪初叶，进入中年的刘铸伯已跻身香港华人领袖之列，先后出任东华医院总理、主席，华商公局及香港华商总会（今香港中华总商会）主席，广华医院倡建总理，港英政府定例局（立法局）议员、洁净局（市政局）议员、保良局局员。他担任定例局议员8年间，"为华侨谋者，益复奋厉，遇事靡所阿附，崭然以风骨自见，一如其在清净局时"，"在局同人，皆仰之如泰山北斗"。[1]

[1] 夏和顺.平湖昔日的荣光.深圳商报，2017 [2017-4-11]. http://szsb. sznews.com/html/2017-04/11/content_3765517.htm。

广州育才书社与香港大学

刘铸伯虽然后来在商界功成名就，随着财富和文化的积累，其家族也成为香港的望族，但作为寒门子弟，早年失怙的刘铸伯，一步步走来，其中艰辛可想而知。或许正是因为有如此的经历，刘铸伯对"知识改变命运"体会良深。早在创办纪劬劳学校之前，刘铸伯就已经热心教育多年。

1901年，一方面是为中国未来的建设提供更多人才，另一方面也是为寒门子弟提供更多教育，刘铸伯与香港著名英籍犹太商人埃丽斯·嘉道理一起，集资20万银元，分别在香港、广州、上海创办多所育才书社，其中，香港2所、广州3所、上海1所。

上海育才书社（现上海市育才中学前身）至今仍在造福学子。据上海市育才中学官网，由刘铸伯参与创建的学校初名"育才书社"，1912年更名"育才公学"，1945年正式命名为"上海市立育才中学"。1998年，学校从山海关路迁至沪宜公路2001号，是上海市首批市重点中学、首批实验性示范性高中。

1908年，刘铸伯又在香港创办孔圣会，并被推举为首任会长。孔圣会陆续在广州、香山及香港等地创办11所义学。

1909年，刘铸伯派教育家杨碧池率同会众21人来到广州，在河南龙溪首约13号创办孔圣会义学，招收学生 160 多人，均免收学费，课本也由学校赠送。刘铸伯特地从英国请来教育家谟亚担任校长。学校课程内容中西合璧，每天上午讲授英文课程，下午讲授中文；汉文部开设文学、经学、历史、修身课程，英文部开设英文、算术、地理、卫生、救生等课程。学校开办不到两年就取得优秀成绩，1910 年广东全省学务处对广州 70 多间学堂进行全面评估测验，广州孔圣会第一校名列前三。《辛丑条约》签订后，清政府逐渐实行新政，各类英语人才供不应求，育才书社学生十分抢手，毕业后大多进入电报局、海关、邮政局工作，也有许多毕业生

▲ 前排左起：刘铸伯、何东、何甘棠，后排左起：何福、陈启明、罗长肇

投身商界发展。

在第一校取得成功后，孔圣会又在番禺沙西创办第十校。平湖纪劬劳学校也是在孔圣会义学的基础上扩充而成。至 1924 年，孔圣会创办义学多达 40 所，遍布广州和香港。当时，众多寒门子弟因刘铸伯持之以恒的义举，得到了受教育机会。刘铸伯不仅开启龙岗新式教育风气之先，也为中国近代教育的发展做出了贡献。

刘铸伯的功绩还不仅于此。如今香港知名大学香港大学，其创立与发展也与刘铸伯的贡献密不可分。值得一提的是，凌道扬则参与了香港另一所知名大学——香港中文大学的创办。

建立香港大学的倡议最早由《德臣西报》（又名《中国邮报》）[1] 在社评中提出。1908 年，时任港督卢嘉（Sir Frederick Lugard）又公开提出创办香港大学。1909 年，大律师何启出任香港大学助捐董事会主席，刘铸伯、吴礼卿等华人绅商担任香港大学助捐董事会总理，全力支持香港大学开办。

在何启、刘铸伯等助捐董事会主席、总理的四处游说之下，各方响应者众，纷纷捐款。刘铸伯创建的《孔圣会旬报》，专门发表《港督大学堂劝捐

[1]《德臣西报》是香港的第二份报纸，从 1845 年创办至 1974 年停刊，前后发行 129 年，是香港发行时间最长、影响力最大的英文报纸。

启书后》一文响应。[1] 不到半年，各界华人就踊跃捐助127万多元，其中刘铸伯个人便募捐到70万元。1911年3月30日，香港大学正式成立，刘铸伯荣膺港大校董会校董、港大校务委员会委员。

因为爱国爱乡的盛举，刘铸伯被誉为"乐善乡贤""平湖之光"。正如朱庆澜在纪劬劳学校、念妇贤医院开幕式上所言："刘君铸伯……洞悉中外情形，于我国文明力图进步，为当时开风气……其进取之勇敢，固令人惊叹，而爱国之热忱，尤人所难及。"[2]

---

[1] 刘中国. 平湖到刘铸伯与香港大学. 深圳商报，2017[2017-8-1].http://szsb.sznews.com/html/2017-04/11/content_3765517.htm。

[2] 作者不详. 平湖医院学校开幕纪事. 香港华字日报，1917-1-3。

1919 年 从私塾到学堂

1903 年，清政府宣布，"自丙午（1906 年）科为始，所有乡会试一律停止"。[1] 开始于隋朝大业元年（605 年）的科举制度，在中国历史上整整延续了 1300 余年。

科举制的结束和此后选官制度的变革加快了中国教育近代化的进程。在 1898 年以前，全中国仅有新式学堂 39 所，1903 年即增至 769 所，1904 年增至 4476 所，1905 年增至 8277 所，到 1909 年，已增加到 59117 所。[2]

深圳目前有史可查的学校，年代最久的是位于南山区的南头中学，其前身为创办于 1801 年的凤冈书院。但凤冈书院仍为旧式的读经、应考模式。新式学堂教育应在 1906 年之后，当年学校更名为凤冈学校，并增设了自然科学、社会科学等教学科目。

原属龙岗区现属坪山区的光祖学堂（现为光祖

---

[1]《奏定学堂章程》，是由张之洞、荣庆等拟定，1903 年奏准颁布的教育文件汇编，共计 16 册。

[2] 王笛. 清末新政与近代学堂的兴起. 近代史研究，1987（3）.

中学），也创办于1906年。由康有为弟子欧榘甲在坑梓筹建，并担任首任校长。校园建筑仿照上海南洋公学（今上海交通大学），办学理念和模式则吸收参照当时日本的先进学校。

龙岗区域内的新式学堂，其第一波创建始于1915年，延续至20世纪30年代初。此时的代表学校，除1915年开始筹办的纪劬劳学校外，还有1915年创办的新木小学、横岗学校[1]、龙岗中心小学，1917年创办的德新小学（现新生小学），1919年创办的厚德学校（现厚德小学），1921年创办的俊千学校，1923年创办的光禄学校（现龙西小学）、六约学校，1926年创办的拔元学校（现坂田小学）、振声学校（现沙西小学），稍晚些的有1933年改建的东兴学校、1936年改建的乾元学校（现下李朗小学）。

以地理位置划分，纪劬劳学校、新木小学、拔元学校、俊千学校、振声学校、乾元学校等几所学校都位于广九铁路沿线；横岗学校、六约学校、龙岗中心小学等几所学校则沿着现龙岗大道两侧；光禄学校、德新小学等则集中在坑梓片区，受光祖学

---

[1]横岗学校情况较为特殊，其系华侨捐资创建，不过考虑到时间发展的关系以及地方乡贤参与主导建立过程，故将其纳入第一阶段，其他由华侨捐资创建的学校待第四章再详细展开叙述。

堂的影响较大。

此一时期新式学堂的创建，无论其位置为何处，其最突出的特点是：学校的创建主要由地方乡贤主导，且与某个、某几个家族相关，并同时呈现了由私塾向新式学堂转变的特征。

布吉火车站东、布吉火车站西

我们沿着广九铁路一路往南，经过平湖、李朗，不久便到了布吉火车站。从布吉火车站往东不过数里之遥，有一座在改革开放后赫赫有名的村庄——南岭村（现南湾街道南岭村社区）。

这座求水山下的"小村庄"，是社会主义新农村的典范，也是广东乃至全国有名的"改革村"。党的十一届三中全会（1978 年）后，南岭村仅仅用了 9 年的时间，就实现了人均年收入突破 5000 元。

这种"敢闯敢干"的精神气质，早在百年前就已经孕育在南岭村，这种气质来源于教育。1921 年，南岭村张氏家族首先创办了俊千学校，地点在现在的南岭东路路口食街广场前面。学校校名取自西汉刘安《淮南子·修务训》："智过万人者谓之英，千人者谓之俊。"这一理念已融入到了南岭人的血液中，成了一种对知识的信仰。

南岭村社区党委书记张育彪说："俊千校名寄

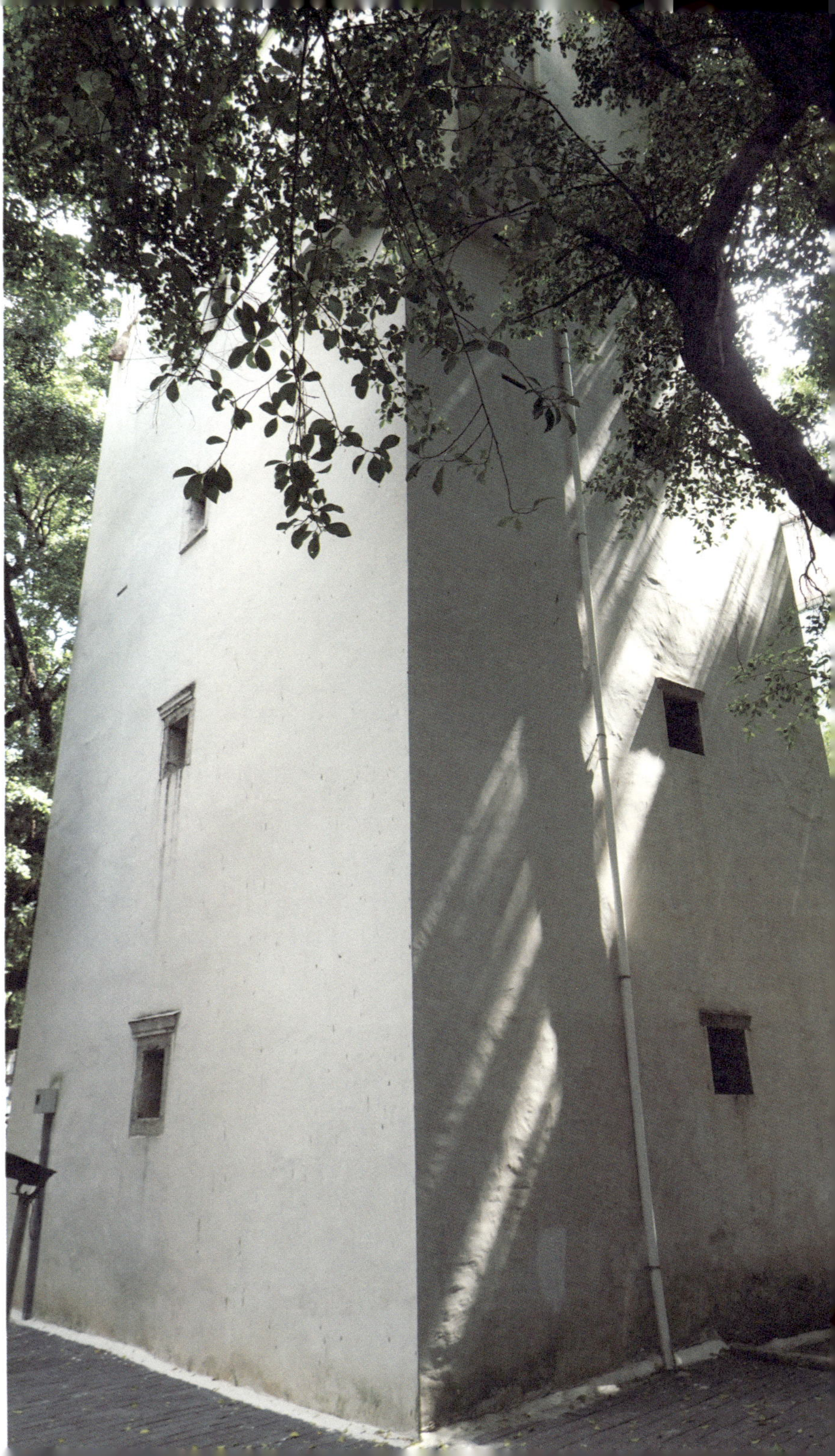

▶俊千学校旧址（鲁训告摄）

托了南岭张氏家族对培育人才的厚望。"

据村中老者回忆，俊千学校有教室四间，砖木结构，左右各两间，中间为礼堂将教室隔开，礼堂前台悬挂孙中山像和孔子像。全校学生有七八十人，其中女生五六人。按年级分四个班教学，学习的课程除"四书""五经"外，还有国语、算术、地理、公民。如今，在俊千学校的遗址处，仍留有一座当年的碉楼，保存完好。

俊千学校开办不久，南岭村林姓各户又捐款集资，由林日森主持，在建筑师林盘带主持下兴建茂璋学校。

百年之前，全深圳的新式学堂非常稀少，但在才500人不到的南岭村，就开办了两所新式学堂，可说是"敢闯敢干"得风气之光。俊千学校、茂璋学校建立后，不仅本村的孩子有书可读不至失学，甚至还吸引了附近丹竹头、沙塘布、吉厦等几个村的孩子前来就读。

1926年，丹竹头村也在一名华侨捐助下创办了"振声学校"，其建筑是一幢五间两层的瓦房。

无独有偶，从布吉火车站往西，不过数里之遥的坂田老村（现坂田街道坂田社区），也是改革开放进程中的"领头兵"。早在2009年，坂田村人均年收入就已超过10万元。

1926 年由担任宝安八区及坂田等地太平绅士的张祥恭牵头创建了拔元学校，即现在坂田小学的前身。张祥恭不但建学校，他还推动修建了老布龙路（现吉华路），大大便利了坂田与布吉墟之间的往来。不管是拔元学校还是坂田小学都为坂田的发展提供了源源不断的人才和智力支持。

从私塾到学堂

为何 1915 年的龙岗区域，同时涌现出 4 所新式学堂，是偶然，还是有其必然的历史原因？虽然随着岁月的流逝，许多历史细节很难完全弄清，但时代风气，总能在一时、一地的细节中，或隐或现地反映出来。

1910 年代的中国，正是新思潮汹涌澎湃的时节。1915 年 9 月，陈独秀在上海创办《青年杂志》（后改名《新青年》），掀起了一场新文化运动，提倡民主与科学，反对禁锢人性的封建礼教，其思想风行天下，影响全国。

横岗学校的创办，与新文化运动便有着千丝万缕的联系。横岗地处南国，又是著名侨乡 [1]，极易接触各种新式思想，深受新文化运动影响。在此背

---

[1] 1854 年第一批前往牙买加的华人劳工，就有来自横岗的何寿、陈八公。

景下，一批海外华侨和地方乡贤秉持"情系桑梓"与"崇文重教"的家训，于1915年集资修建了横岗第一所新式学堂横岗学校。[1]

以"学校"命名新式学堂，在1915年的南粤大地尚属新生事物；不仅如此，横岗学校还仿照西例，成立了校董事会，由校董事会募集资金、聘请教师、维持学校的运转。

六约学校的创建也颇具代表性，以地方乡贤为代表的旧式知识分子，在新文化运动的影响下，开始自觉地接受新思想、发展新式教育。

据六约学校校史记载，六约学校的创办人、首任校长为张杏芳。张杏芳出身贫寒，但他的父亲省吃俭用送他上私塾。刘彭龄还能赶上考"拔贡"的末班车，但随着科举的废除，到张杏芳辈，读书求仕的道路已经没有了。张杏芳读了几年私塾后只好回家务农。不过，张杏芳仍旧勤学苦读，积累了一定的学识，他甚至还自学了医术。

1910至1920年代，现今罗湖东门（深圳墟）—龙岗横岗一带，也陆续创办了多个新式学堂，如创建于1911年的深圳小学，创建于1920年的黎围小学（现罗湖水库小学）。也就是在这一时期，张

---

[1] 刘丽. 横岗中心学校百年回顾：给历史一个交代. 南方教育时报，2015-12-25.

▲ 六约学校建于 1931 年的老楼，仍旧保存完好

杏芳受聘到罗湖大望、龙岗南岭等地任教。此时，距离科举制被废除已经过去了十几年。但在这些新式学堂的任教经历使张杏芳意识到旧式的私塾教育已不能适应新时代的潮流。

于是，积累了一定教学经验的张杏芳回到六约，游说乡邻，于 1923 年创办了六约学校。因为条件艰苦，学校开办之初借用龙塘村的 3 间瓦房作为校舍，教师仅 3 人，学生五六十人，只办到初小四年级。几年后再迁至"曹家祠"，教师仍为 3 人，但学生已增至 80 多人。张杏芳白天教书，晚上还要通过做柿饼等农副产品贴补家用。

▲ 厚德小学现址

　　正如前文所述，此一时期的新式学堂，表现出一个重要特征：其创立者往往是地方乡贤，在本地、本族有强大的号召力。此中的代表，除了前文所述的刘铸伯、张杏芳，还有陈观海。1919 年，陈观海捐资将荷坳陈氏先祖在清朝咸丰年间建立的大屋改建为新式学堂。因陈氏一世祖陈康适的堂号为厚德堂，所以学堂命名为厚德学校。陈观海次子陈敬道，一度担任厚德学校的名誉校长。

　　此一时期的新式学堂还表现出另一重要特征：许多新式学堂均由从前的私塾发展而来，主持者往往是本地家族或乡贤，校舍也大部分沿用家族宗祠。

　　1923 年创办的光禄学校（现龙西小学），由竹头背（现属于龙岗街道五联社区）巫氏家族主持。正因如此，该校也曾被称为巫氏学校。出生于1934年的龙西小学老校长陈进就曾在这里读小学，后来又回来教书、担任校长。据他回忆，光禄学校第一任校长巫凤祠就出身于竹头背巫氏家族。另外，巫素贞、巫观品、巫韶光、巫奕魁、巫学筹、巫维、巫健等巫氏族人都曾在该校学习、任教。

坪地萧氏创办的东兴学校，其前身则是1903年由萧氏宗亲于坪西社区澳头村开办的私塾——东兴书室。1933年，萧氏宗亲再度牵头和捐资，将书室改建为东兴学校。

位于下李朗的乾元学校，其创办情况与东兴学校情况类似。1936年，李朗江氏对祖辈创建的乾元书室进行改建，并正式更名为乾元学校。

第四章
海外回响

龙岗新式教育的第三期发展来自移居海外的龙岗客家儿女的"反哺之举"。

这些故事讲述着**失根、寻根**的主题，也将**传承**的意义一一呈现，在**离散、归来与寻找**中，重新接续**文化的根脉**。

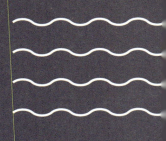

1926年 游子反哺

2012年，拥有四分之一客家血统的非裔罗笑娜第一次回到龙岗罗氏祖屋鹤湖新居。这里是她的外祖父塞缪尔·罗（中文名罗定朝）出生和成长的地方。

在这里，罗笑娜第一次见到了她94岁高龄的姨妈罗碧玉，80多岁的舅舅罗早舞，还有表弟、侄子、侄女等众多罗氏族人。罗笑娜的母亲罗碧珊是罗碧玉、罗早舞同父异母的姐姐。

此时，距离罗碧珊和自己的父亲罗定朝失散已经过去了80多年，距离罗笑娜6岁时下定决心要帮母亲寻找到血亲，也已经过去了50多年。

"有志者，事竟成。"在《寻找罗定朝：从哈莱姆、牙买加到中国》一书中，罗笑娜以这一句中国谚语

▲《寻找罗定朝：从哈莱姆、牙买加到中国》总结了罗笑娜寻找外祖父的过程

来总结寻找外祖父的过程。这种力量感和坚定到底是源自她的非裔女性身份还是客家女性身份，又或是两者兼而有之？

"你必须把每个人带到这儿来。"这一次见面，罗碧玉还为罗笑娜安排了下一次行程。不容置疑，下一次再回到深圳，罗笑娜要带上自己的兄弟姐妹、儿子女儿、孙子孙女，带上罗碧玉胞弟吉尔伯特的子孙们，要组建一个从2岁到65岁由22个人组成，来自牙买加和洛杉矶的访亲团队。

将远在世界各个不同地方的客家儿女召集起来，去完成同一个目标，罗笑娜不是第一个这样做的人。早在100年前，龙岗的客家人就早已经这样做过了。

这些下南洋的龙岗人，这些远渡加勒比海的客家人，这些在苏里南、牙买加、大溪地[1]艰难谋生的先行者，因为教育救国这样一个共同的使命而被召集起来。

1920～1940年的这20多年里，龙岗的新式学堂如雨后春笋，连续不断地建立，如：由旅美华侨捐建的乐淮学校（现乐淮实验学校），由马来西亚坪地萧氏宗亲捐建的兰陵学校，由南洋华侨捐建的育贤学校，由牙买加华侨捐建的兰著学校，由苏

---

[1]大溪地一般指塔希提岛。塔希提岛（Tahiti），是法属波利尼西亚向风群岛中的最大岛屿，位于南太平洋。

里南、牙买加、大溪地及香港等地的华侨共同捐助的平冈中学，由横岗籍华侨及居住在香港的横岗籍同胞捐建的惠侨中学（现横岗中学），由西坑籍海外华侨捐资的槐源学校。此外，作为私塾学校的达荣学堂[1]也在这一时期由华侨捐建。

如果说，龙岗新式教育的第一期发展源自西学东渐时期的传教士东来，以各种教会学校为主；那么，第二期发展则受时代新风之吹拂和广九铁路建设所带来的新思想、新眼界影响，主要由地方乡贤主持建设，并对部分私塾进行改造；第三期发展则来自移居海外龙岗客家儿女的"反哺之举"。

许多年后，当罗笑娜、"大锤"安德森等客家人的后代又跨越重洋，找寻他们的外祖父塞缪尔·罗、曾外祖父萨缪尔·李的时候，这些远至牙买加的"回响"，再一次将人们的目光重新拉回故事开始的地方。

这些故事讲述着失根、寻根的主题，也将传承的意义一一呈现，在离散、归来与寻找中，重新接续文化的根脉。

---

[1] 1930年，本地华侨黄达荣曾在现宝龙街道南约社区捐建了一所私塾学校达荣学堂，其校名一直沿用到1950年代，其后改建为现南约小学。正文不再提及。

桑梓情深

罗笑娜的故事里有一处常常容易被人忽略的地方。女性或从夫姓，或从父姓。罗笑娜认祖归宗以后，她和兄弟姐妹们选择以罗氏为姓，事实上乃是从母姓。那些远渡重洋的游子和他们的后代，无论走了多远、漂泊了多久，却仍然心系着"母亲"，心系着故土。

兰著学校和平冈中学的建立，为这一时代的龙岗新式学堂的发展，提供了一个不可多得的观察视角。平冈中学自建立起，就一直牢牢占据着龙岗街道平南社区的一方"风水宝地"。有意思的是，两间学校相距不过数公里，其创办年份也同为1930年，隐隐间，似乎有些"教育竞赛"的意思。

相较而言，平冈中学办学周期更长。早在1926年，龙岗一批社会贤达和海外华侨就开始着手筹办平冈中学，并捐献2000余元作为开办经费。1928年，靠着募捐而来的经费，平冈中学在一片期待中开建。平冈中学的捐建，大溪地华侨出力颇多，据平冈中学校舍《乐捐账目》记载，大溪地各处捐银6820元（其中大溪地中华会馆捐银3675元）。

1930年10月，一座两层楼高的白色校舍宣告落成。当时，国家正经历着内忧外患。一代代平冈师生怀揣着教育强国的梦想，以身许国。诚如第四

▲ 1930 年，平冈中学建起一座两层楼的白色校舍

任校长陈方绶所言，学校的创建不仅关乎传道授业，也关乎救亡图存："教育之关乎国家隆替、民族兴衰，夫人而知之，其基础莫不本于学校。"

　　兰著学校的筹办稍晚于平冈中学。根据《山海有奇志　兰蕙吐芬芳——兰著校史课程》记载：1929 年，加勒比海域的岛国千里达（特立尼达和多巴哥共和国）二代华侨余英和回到故乡回龙埔。秉持"强国需要强教育"的理念，他提议在家乡龙岗回龙埔创办一所新式学堂。这个提议得到了牙买加华侨余晋棠、余铭芳响应，他们通过牙买加中华会馆向各界华侨发起募捐，海外侨胞积极响应，不仅很快筹措到了建校的经费，还请外国设计师绘制

▲ 育贤学校旧校舍

设计图，并从英国运回水泥和钢筋。在余英和及其子余铭宽的主持下，不到一年，一座中西合璧的兰著学校，在龙岗的小山村拔地而起。

"兰著"的校名从回龙埔余氏祖先余廷兰、余廷著二人的名字中各取一字而来。以兰著命名学校，既是希望后人铭记先人，也寄托了创办者的期望：在此求学的学子通过学习增长知识，砥砺品格，学问超著，品格如兰。值得一提的是，1934年，在回龙埔籍在港商人的请求下，国民党元老、曾担任国民政府立法院院长的胡汉民为兰著学校题写了校名。

不只兰著学校、平冈中学，整个1930年代，散布在龙岗各个片区的新式学堂之创建，都有一种

"不约而同"的意味:

1931年,西坑本地村民与西坑籍海外华侨共同捐资兴建槐源学校。

1933年,南洋华侨(以马来西亚华侨为主)捐资兴建育贤学校。

1935年,在马来西亚知知港刚站稳脚跟的坪地籍华侨(以坪地萧氏为主),募捐10多万省币(当时当地通用的货币),在故乡丁山河畔购买了10多亩土地,建起了一座新式学堂兰陵学校。坪地萧氏宗亲联谊会副会长萧蔼棠曾经见过兰陵学校建校捐款花名册,"我们看到那本保留了近80年的捐款名册都很感动。当年他们做苦力一天才挣几角钱,但捐款的数额都是5元、10元,真是节衣缩食为家乡办教育"[1]。

位于坪地街道坪东社区的乐淮学校(现乐淮实验学校)也创办于1935年,由旅美华侨王健海发动乡绅、华侨捐建。该校选址西湖塘村围肚,取祖祠"乐淮堂"(即西湖塘老围王氏祖先王二谟字号)"乐淮"二字,命名为乐淮学校。

六约学校最著名的"1931楼",也是在这一时期由华侨捐资建造。1930年前后,罗湖文锦渡

---

[1]尹萌.知知港龙岗籍华人:马来西亚萧家村 矢志不忘龙岗情.深圳侨报,2021-7-5.

一带商贸初兴，张杏芳的亲戚中有不少在文锦渡和香港经商有成，便邀请他一起从商。张杏芳再三回绝，反而多次动员他们捐款建设学校。1931 年，张杏芳和六约人陈三昌、黄鸿昌、邹文彬等人发起筹募活动，得到了村民和华侨的鼎力支持。1931 年冬，六约学校经过募资，建起了一栋占地面积 300 平方米，两层楼的钢筋水泥结构校舍，并购置了新的课桌椅及教师办公、生活等用具。因这栋新式校舍建于 1931 年，后来大家就直接以"1931 楼"称之。

如果说，1910 年代，华侨捐建光祖学校和横岗学校，还只是一种零散的、个体性行为，当时间进入 20 世纪 20 年代，华侨捐资助学已经变成了一种常见的、群体性行为，建新式学堂一时风靡龙岗。

中西合璧

90 余年来，几经兵燹，六约学校"1931 楼"也历经多次改扩建。在 2007 年学校改建时，"1931 楼"甚至曾面临被拆除的命运，好在经过学校和社会的呼吁，作为时代和岁月见证的"1931 楼"被保留了下来。

如今，走进六约学校，我们一眼就能望见这栋南洋风格的白色两层小楼，门楣上书"1931 六约

▲ 兰著学校旧址

学校"。"1931楼"是一座骑楼建筑，设计典雅，内有居室，外有行人走廊。楼前是当年校长张杏芳亲手种下的玉兰、樟树，已经守候这座小楼近百载，仍旧郁郁葱葱，生机盎然。

现在"1931楼"已不再作为课室使用，而是改建成了校史馆，陈列了有关六约学校校史、东江纵队革命历史等图片和文物。走进"1931楼"内，建筑与当年的文字俱在，仿佛时光不曾在此发生作用。担任六约学校校史馆讲解员的老师说，对六约学子和年轻教师而言，这是最润物细无声的文化和历史教育。

与"1931楼"相似，兰著学校教学楼、育贤学校教学楼均是全白色的骑楼风格。

　　兰著学校修建时，钢筋水泥在深莞惠地区还是稀罕物。当一栋两层欧式风格的钢筋混凝土结构的教学楼拔地而起时，其震撼程度可见一斑。百姓们也因此将它称为"红毛泥"房子。

　　兰著学校教学楼，廊下是教学楼正门，骑楼廊柱是罗马风格的圆柱，墙面有半圆形的古希腊风格的迎壁，上面的装饰雕塑图案则带有巴洛克风格。再往上，正门二楼顶上还有一个皇冠形状的迎壁，上书"兰著学校"四个大字。教室的窗户是欧式瘦长形，二楼四周的栏杆是巴洛克风格。一楼层高足有五六米，中间开了一个天井，楼梯的扶手也是欧式风格，非常气派，二楼顶上有天台，天台上临近二楼迎壁旁建有一座很大的中式八角亭。[1]

　　教学楼旁还建有一栋5层的碉楼，系办公室和教职工宿舍，教学楼通过连廊连接碉楼。教学楼前面操场种植了两棵凤凰树，教学楼周边和食堂周边则种了相思树和梧桐树。骑楼、碉楼、绿树，营造出一种中西合璧、生机盎然的书香氛围，特别是五六月间，当蝉儿鸣叫，凤凰花盛开，景色更加怡人。[2] 如今新建的兰著学校，也延续了旧校舍楼遗

---

[1] 校史课程编写委员会. 山海有奇志 兰蕙吐芬芳——兰著校史课程（内部资料）.7.

[2] 余育康. 老学堂与古凤凰树. 侨报，2004.

留下来的回廊曲榭，建筑掩映在枝叶繁茂的绿树红花间、琅琅书声里。

兰著学校创校之前，回龙埔子弟都在开办在祠堂中的私塾里接受教育，学习四书五经。兰著学校落成后，创办者们立志要把它办成新式学堂。因此学校按照国民政府当时的学校课程标准，开设了数学、美术、音乐、体育等各类课程，还组建了鼓号队、童子军社团，这些在当时是非常"先锋"的做法。

尤其值得一提的是兰著学校的音乐课程和公民课程。这些课程被赋予了思想教育和德育的重任，通过艺术和责任唤起学生的爱国热情、思想觉悟。兰著学校音乐课程有《劳动合唱》《中国需要民主》《把自由还给我们》《前进！同学们》等多达50首爱国歌曲，从反对军阀混战到礼仪教育、公民教育无所不包。在兰著学校的办学者看来，中国之所以受到列强的宰割和军阀的统治，是因为国民精神不振，思想觉悟不高。

同时，为了严格按照学校课程标准进行教学，学校还特地在海外定制了一口纯铜的校钟，挂在教学楼天井的二楼之上，"每当钟声敲响，不仅学子们可以听到，村里也是钟声回响，振奋人心"。通过当年在兰著学校求学的余育康的回忆，我们仍能感受到，新式教育在当时对"振奋人心"的巨大动力。

▲ 1930 年代的兰著学校各级学生人数比较表

兰著学校至今仍保存着"敲钟"的传统。每天清晨，由校长亲自敲响校钟，一天的学习由此开始。傍晚，当钟声再一次敲响，一天的在校学习也宣告结束。钟声已经成了兰著学校的某种精神标志。

校徽、校歌、校董甚至奖学金等新事物也在这一时期，走入莘莘学子的日常生活。如 1935 年，兰著学校设立奖学金制度；1946 年，著名作曲家黄友棣为学校谱写校歌《兰著学校进行曲》。

如今，当年的校歌"当勉进而成国之栋梁，是岂回溪之荣，乃邦家之光"的歌词，仍旧一遍遍在校园内外传唱，激励着一代代兰著学子。

校董制度在兰著学校，得到较好执行，有着完备的工作流程。兰著学校每学期都会刊印《兰著学

▲ 《兰著学校进行曲》

校征信录》，面向华人华侨及村民公示运行情况，做到公开透明。兰著学校校史馆"醒吾馆"保存的一份1937年《兰著学校征信录》，详细纪录了学校的收支情况、多国华侨捐款和奖学制度等。

华侨捐资兴建、改造的各处新式学校，不仅在课程设置、办学理念、校园文化等方面进行了改革，也一改过去私塾教育只接纳本村或本姓子弟的做法，广开学校大门，迎接广大龙岗学子，让许多从前没有机会接受教育的农家子弟有了读书的机会，提升了当地的文化水平。

兰著学校开办第一年，开设四个年级，学生人

▲ 平冈中学校徽、校旗

数约 100 人。两年后，学校社会声誉日隆，学生人数增至 171 人，年级也增到了六个，实现了六年制全覆盖。其中一年级 49 人，毕业班六年级 15 人。

"1931 楼"建成后，1932 年，六约学子即迁入新学校，学生人数突增至 140 人，同时还增办了小学五年级，教师增至四人。

兰陵学校兴建时，周边如东兴学校、三德学校[1] 等，规模均较小，仍旧只接纳本村或本姓子弟。兰陵学校坚持有教无类，周边陈氏、邓氏、余氏、骆氏、廖氏等各族子弟，都能和萧氏子弟同室读书。

---

[1]三德学校由知知港华侨萧官姐捐建，时代不详。萧官姐卒于 1929 年，据此推断，学校应早于 1920 年代创建。

1854 年 "借人家斗笠躲躲雨"

2008 年，第 29 届夏季奥林匹克运动会在北京举办。8 月的一天早晨，当美国全国广播公司（National Broadcasting Company，简称 NBC）环球执行副总裁葆拉·威廉姆斯·麦迪逊乘坐的飞机，在北京上空正准备降落时，葆拉透过机窗望着这片大地，"感觉这个国家似乎没有地平线，四处望去，广阔无垠"。

葆拉说，就种族而言，她是一位非裔美国人。她曾经去过非洲六七次，"我看着一张张非洲面孔，想在他们脸上看到我自己的样子"。然而，在北京，在奥运会开幕式结束的那天，当葆拉离开酒店，穿过北京的闹市区，走在街头的时候，她忽然看见了一个女人，"她的面孔，一瞬间攫住了我"，"就在北京的大街上，就在那人群中，我仿佛看到了母亲的面孔"。

这些感觉，于葆拉而言是一个实实在在的事实，"在这片亚洲大陆的某个地方，在这个幅员辽阔的国家里，在这里我有家人"。[1]

---

[1] 麦迪逊. 寻找罗定朝：从哈莱姆、牙买加到中国. 马静，岳鸿雁译. 深圳：深圳报业集团出版社，2016.

但当时葆拉还不知道，她的"家人"在哪里。而这位葆拉就是我们前面提到的罗笑娜。2012年，红头发、黑皮肤的罗笑娜，在龙岗鹤湖新居认祖归宗后，葆拉的舅舅罗早舞为她取了这个中文名字。

在北京的这段经历，是罗笑娜在《寻找罗定朝：从哈莱姆、牙买加到中国》一书的开头所讲述的一个故事。借由该书以及由她的表弟罗敏军所著的《远渡加勒比：彼岸的祖父》这两本书的记述，一段尘封已久的客家人远渡加勒比的故事，又展现在世人的面前。

第二次回深圳时，罗笑娜和来自鹤湖新居的亲友们一起前往广州墓园祭奠外祖父。在罗定朝的墓前，他的100多名子孙失声痛哭，罗敏军形容当时的心情说："这流下的热泪是百年离散今日重逢的欣喜和激动。"

罗笑娜的故事和她外祖父罗定朝的故事，在某种意义上形成了一种互文的关系：100多年前，罗定朝前往异乡，在千千万万的陌生人中谋生存、求发展；100多年后，罗笑娜回到中国，回到深圳，回到龙岗，在千千万万的陌生人中，寻找到了她的亲人。

摩可小镇的店铺

据回龙埔的老人们回忆，去往牙买加要从香港出发，经澳门地区，新加坡、苏伊士运河到达欧洲，再转百慕大、哈利法克斯、古巴，最后才到达牙买加首都金斯敦。

客家人，不愧是"东方的吉卜赛人"。距离韩山明1848年到达沙头角仅仅过去6年，1854年，第一批前往加勒比海的华人劳工，就已经登船出发。

这年4月，310名乘客乘坐"埃普索姆号"轮船（Epsom）从香港驶往牙买加。古人交通不便，"爪哇国"便是遥远渺茫的地方。但1854年的某一天，这些华人劳工，在途经了印度尼西亚的爪哇群岛以后，又绕过了非洲大陆最南端的好望角，再从非洲西部海岛城市圣·赫勒拿跨越大西洋，抵达牙买加。这一段航程，全程历时118天，最终仅有267人到达了目的地，43人因恶劣的旅途环境而去世。华人劳工到达牙买加后，因为水土不服，能够生存下来的人不多。何寿（横岗人）、陈八公（横岗长坑村人）、凌三（布吉丹竹头村人）等就是这些不多中的幸存者[1]。

从1864年到1870年，又有大约200名中国契约劳工从加勒比列岛来到牙买加，其中多为特里尼达和英属圭亚那种植园的契约华工。[2]

---

[1] 李安山．生存、适应与融合：牙买加华人社区的形成与发展（1854—1962）．华侨华人历史研究，2005，1.

[2] 同上．

接下来的一次较大的向牙买加移民潮发生在1884年。据记载这批由香港代理商雇佣的华人劳工于当年5月6日离开香港，在澳门登上"钻石号"，"一艘从中国驶往英属西印度的装载契约劳工的轮船"，两个月后到达金斯敦。这艘船共搭载了501名成年男性、105名成年女性、54名男孩、17名女孩、3名婴儿，总共680人。这次航程相对来说比较安全，因此到达后的人口比出发前还要多，因为有三名婴儿在船上出生，只有一人死亡，[1]这也从侧面印证了航程之遥远。其中大约有20人来自广东四邑（台山、新会、开平、恩平），其余均为来自东莞、惠阳和新安等县的客家人，而龙岗地区的客家人又占了大部分。

约在同一时期，客家人也开始了前往大溪地的旅程。1865年，由于受美国内战的影响，国际棉花价格上涨，利润相当可观。英国企业主威廉·斯图瓦特获法国殖民当局批准，来到大溪地开办棉花种植园，并允许以"契约华工"的形式从中国沿海地区招募华工。从1865年2月28日至1866年1月6日，先后有三批华工（330人、342人和339人）从香港抵达大溪地。这些华工主要是来自新安、

---

[1]李安山. 生存、适应与融合：牙买加华人社区的形成与发展（1854—1962）. 华侨华人历史研究，2005，1.

▲ 罗定朝（右二）与妻子合影

东莞、惠阳的客家人，尤其是以龙岗、观澜的客家人居多，约占 85%，鹤湖新居、西埔世居、茂盛世居、大田世居等客家围屋的许多青壮年也加入了这种"契约华工"的队伍。他们与威廉·斯图瓦特的企业签下了为期 7 年的契约。

所谓"契约华工"，有一个更通俗的称谓"猪仔"。这些"猪仔"一部分是被人贩子暴力劫持、诱骗后卖到海外，有一些虽出于自愿，也是为生存所迫。不管通过哪种途径，他们漂洋过海到异国他乡后，往往干着最辛苦的工作，同时还要克服恶劣的生活条件及语言、文化不同所带来的困难，在公民权利上也低于本地、本国居民。19 世纪 60 年代，参与修建美国横贯大陆的太平洋铁路的华人劳工就有 1.5 万人，约占了全部劳动力的 90%，其中许多人甚至为开山铺路失去了性命。像马来西亚知知港（因萧姓华人较多，又称为马来西亚"萧家村"）的开埠者萧官姐这样的"猪仔"毕竟不多。1892 年，坪地人萧官姐被当成"猪仔"卖到了马六甲，几经辗转，几年后终于在知知港扎根，并靠开采锡矿发家致富。

1907 年至 1914 年间，又约有 2500 名华工来到法属波利尼西亚大溪地，这批华工主要还是以深圳客家人为主。因为允许携带家属出洋，所以移民中有 200 名妇女，大溪地的华人数量大为增长。据大溪地政府档案库的资料显示，到 1928 年，大溪地的华人已经超过了 4600 人。到 1946 年，更是达到了 6390 人。这些客家移民中，龙岗各村、观澜松元厦村的陈姓及坪山的廖姓、钟姓占了大多数。

据罗敏军的研究，"鹤湖罗氏"最早一批远赴牙买加的拓荒者们，是乘坐 1884 年的"钻石号"到达的，约有 7 名成年男性（女性及儿童不可考）。距离第一批罗氏族人远赴牙买加不久，1889 年，罗定朝在鹤湖新居出生。1905 年，年仅 16 岁的罗定朝去往牙买加。

据罗笑娜考证，一开始，罗定朝也是以为期三年的契约华工的身份前往牙买加，在一个面临衰退的行业从事辛苦的体力劳动收割甘蔗[1]。

之后，罗定朝又在同乡亲戚开办在金斯敦山区的杂货铺里，谋到一份最底层的"打工仔"活计，做杂活。说是杂货铺，其实只是摆放在山坡上的一个摊位，向牙买加当地人出售大米、面粉、玉米粉和咸肉。当时，牙买加的商铺大多是大宗买卖，这种零售的形式，还属于一种新的形式。

罗定朝省吃俭用，几乎将他挣到的每一个便士都存了下来。后来，罗定朝的亲戚因故离开，罗定朝买下了这个店铺。渐渐地，罗定朝被本地人接纳，也终于攒够了走出金斯敦山区的钱，西行前往克拉伦登（Clarendon）教区内一个叫摩可（Mocho）的贫瘠山区小镇，开了一家商店。后来，罗定朝又在米德尔塞克斯郡圣安娜区首府圣·安斯贝城开了另一家店铺。

罗定朝在牙买加的成长经历，是19世纪末20世纪初前往海外谋生的龙岗乃至深圳客家人的代表。他们往往从最底层的契约工或者帮工、杂工、零售业做起，渐渐积累资金，继而谋求更大的发展。像何寿、陈八公、凌三，他们都在零售业开创了自己的事业，并以这些工作为纽带聚集人气，渐渐形

---

[1] 罗敏军对此有不同看法，在他看来，鹤湖罗氏彼时较为富足，罗定朝应该不是以契约华工身份前往。

成华人社区。

据罗笑娜的记载，1928年的圣诞节，对罗定朝而言意味着收获最丰厚的节日。他囤满了货物，然后带着四个孩子回国。当罗定朝和妻子返回牙买加时，当地的《拾穗人日报》却报道了一条不好的消息：

大火将圣·安斯贝的6座建筑化为废墟，放火的暴徒却已经踪影全无。"塞缪尔·罗兄弟商店"也在被烧毁的店铺之列，而那些没有被烧毁的货物则被当地人哄抢而光。据罗笑娜估计，以2016年的物价计算，罗定朝的店铺、货物等损失高达51万美元。

依靠保险赔偿金，罗定朝重新开了一家小商店，并在1929年7月，又开了一家大百货商店。然而，席卷全球的经济大萧条很快就来了。到1931年底，"塞缪尔·罗兄弟商店"宣告破产。1933年，罗定朝和妻子带着几个孩子返回广州。

龙岗围屋的客家先辈去往牙买加、大溪地的旅途，苍波浩浩，比起陈观海前往德国时的艰辛有过之而无不及。到达定居地后，他们竭尽全力谋生存、求发展的历程，也远比想象中艰难，加之随时可能遭遇到的各种歧视乃至恶性袭击，哪怕只有一次意外就能叫所有的努力化为乌有。

然而，即使在这样艰苦的条件下谋生，一旦他们的生活条件稍有改善，便关心家乡的教育，捐资捐物，在故乡建立起一座座学校，为家乡的教育发展做出了不可磨灭的贡献，传承了文脉，传播了新知，泽被后人。

华人会馆与学校

出于对故乡的眷恋，当年龙岗不少华侨都将子女送回国内读书。1929 年，后来担任东江纵队江南支队第二团团长的李群芳刚满 7 岁，就被父亲李文彬从大溪地送回位于故乡龙东兰水坐一村环水楼的崇正学堂读书。

很多年后，李群芳还记得父亲对自己所说的话："芳仔啊，这里是外国，不是我们的国家，我们的国家在唐山（中国），我们的国家好大，但是又好穷！我们赚到钱就要回去，我们在这里是借人家斗笠躲躲雨。"

李文彬短短的几句话，饱含时代的艰辛、无奈，饱含对祖国的眷恋之情，可以说是一代乃至几代华人华侨真实的内心写照。

李文彬是大溪地中华会馆的创办者之一。1921 年，李文彬同陈世崇、刘铭凤等（均为深圳人）发起成立了大溪地中华会馆。

牙买加中华会馆的成立时间则要更早。1891

▲ 牙买加中华会馆会徽

年，横岗人陈八公联合同村兄弟陈昌明和观澜牛湖村的陈登鹏、陈东高，以及张胜（伯）、黄昌等人在当地建立了中华会馆。牙买加中华会馆既在华人社区内部起到联络感情、凝聚人心的作用，又成为华人社区与当地政府沟通的桥梁。时至今日，牙买加中华会馆仍然发挥着作用，是沟通牙买加侨民和祖国之间的重要纽带。

兰著学校、平冈中学的建立，牙买加中华会馆和大溪地中华会馆发挥了重要作用。抗日战争爆发后，牙买加中华会馆发动华侨以各种方式支援祖国。在抗日战争期间，牙买加华人共捐款 20 万余英镑支持抗战，并购买飞机交给中国空军作战使用。

兰著学校建成后，也接纳了诸多华侨子女。自从开办到 1949 年以前，海外华人子弟在兰著学校占比一直较高，最多时侨籍子女占比达到 35%。他们中的许多人，是像罗笑娜一样的中非裔混血儿。这些混血儿的华裔父亲，为了让自己的后代保有"唐性"（即中国人的传统和文化），想尽办法也要不远万里把子女送回故乡的学校就读。

除了将子女送回故乡读书，不少华人华侨也在异国他乡创办华文学校。牙买加中华会馆在其鼎盛期曾有5个下属组织：一所学校、一家医院、一家养老院、一片墓地和一份报纸。这所学校就是创办于1920年的华侨公立学校。由于得到称为"新民俱乐部"的华侨戏剧俱乐部的资助，这所学校也被称为新民学校。1927年以后，一个名为"如意堂"的华侨俱乐部每月资助学校35英镑。学校每年学费为6英镑，贫困学生则可申请免费。到1944年，就读于华侨公立学校的人数已增加到300人之多。[1]

甚至在更早的1913年，坪地人萧官姐就在马来西亚知知港创办了育才学校。遗憾的是，该学校因二战停办便再未复办，其原址现已成为教会礼堂[2]。

值得一提的是，纪劬劳学校原校长刘仲德在海外的漂泊经历，也为观察华人在东南亚办学的历史提供了一条难得的线索。

1931年冬天，在纪劬劳学校从事革命工作的刘仲德因被叛徒出卖，从香港乘船逃往越南西贡。1932年，刘仲德经友人介绍先后在堤岸国华、一中、

---

[1] 李安山.生存、适应与融合：牙买加华人社区的形成与发展（1854—1962）.华侨华人历史研究，2005，1.

[2] 周厚荣.知知港开埠先贤萧官姐照片曝光.星洲日报，2014-8-28.

▲ 环水楼（鲁训告摄）

道南、地中和西贡旦华、广肇、培根及华英女校等
学校担任老师，教授汉文和英文。之后的几年间，
刘仲德先后还在堤岸的平善、中国公学、振华、广
肇等学校担任过教师或校长。

　　越南的这些中文学校，大多是由当地华人捐资
创办起来的，虽然规模都比较小，但校舍完整、教
学规范。不过，学生常常有所增减，教师流动也比
较频繁。

　　因为从事抗日救亡工作，在华侨和华校师生中
有一定的影响，刘仲德被日本侵略者搜捕。因此，
1942 年他到柬埔寨金边任教。在金边广肇惠学校，
刘仲德连续担任了 3 年的训育主任。柬埔寨的这些
华文学校，也大多由当地华人捐资建立。广肇惠学
校便是由柬埔寨广东籍华侨创办的一所中文学校。

广肇惠学校 1929 年由凌继章倡议筹建，1930 年秋正式开课。首任董事长为曾翰生，校长是林真常。起初仅有小学，学生 70 余人。后来学生日增，1939 年进行了扩建，是金边 3 所规模较大的华侨学校之一。

不久，日本军队侵略柬埔寨，刘仲德又转移到越南偏僻的东川省的广肇学校任职，从 1944 年起，他在那里担任了 3 年校长。后来，法国殖民者在越南卷土重来，1946 年下半年，刘仲德又前往茶荣省从事华侨学生的教育工作，受聘出任越南茶荣省广肇学校校长，一直到 1950 年离开茶荣回国[1]。

自 1854 年第一批龙岗人移民海外始，经过 160 余年的迁徙、发展，原籍龙岗的海外侨胞已遍布东南亚、北美洲、南美洲和欧洲等各大洲 40 余个国家和地区，华文学校也遍布世界各地。

正如苏里南中文学校的创办者之一、龙岗籍华人丘鸿所说，这些中文学校所承载的是海外游子"传授华人子女博大精深中国文化知识"的使命，是"弘扬中华民族优良传统"的载体，也是这些海外游子留住"唐性"和情系祖国的纽带。

---

[1]《百年平湖书系》编写组. 百年平湖书系：面孔 平湖人的家族往事与珍存. 北京：中国文史出版社，2018.

1930年 平冈中学：中学教育新征程

"桐山苍苍，泗水泱泱"，平冈中学位于现今龙平东路252号，南朝梧桐山，北靠红花岭。源出梧桐山的涧头河和源出红花岭的虹光河汇合而成的泗水，宛若一条玉带从学校的后面缓缓流过。

如今的龙岗虽已是高楼林立，但站在平冈中学主楼往远处望去，其视野仍旧极其开阔，但见群山连绵，绿树苍苍，白云悠悠。学校门前，两棵木棉树掩映左右，高达数十丈，每年春天，木棉花开得灿烂至极，那些红硕的花朵似乎在向世界展示它们见证的平冈中学的光荣历史。

"平冈，亲爱的母校，古老的文化摇篮；忆当年，居陋室，苦读不忘家园；御敌寇，纾国难；救亡争着先鞭；历坎坷，成才俊，校友遍布五洲；惜校誉，敬师长，传统永远发扬……"这首《平冈之歌》，唱出了90余年来平冈中学的沧桑与奋斗史。

作为龙岗华侨捐资助学的典范，平冈中学是龙岗文化得以传承不断的象征，是抗日救亡的精神传播站，在战火纷飞的年代里，它发出了时代

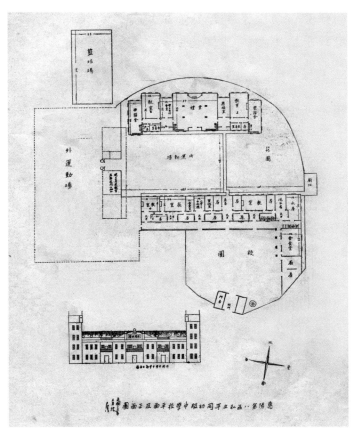

▲ 平冈中学 1933 年校园平面图

的强音；同时，作为当时深圳东部最高学府，平冈中学的创办也开启了龙岗中学教育的新历程。

第一所全日制中学

追溯深圳新式学校的发展历史，光祖学堂和凤冈学校是最早开办中学的两所学校。1926年，光祖学堂始办中学，由此也拉开了深圳开办中学的历史。不过，到1935年，因全球经济大萧条影响，侨汇短缺，光祖中学停办，后又改为完全小学。

1914年，因新安县复名为宝安县，凤冈学校更名为宝安县立第一高等小学。学生200人，来自宝安县、东莞县、香港新界等地，这是宝安县唯一的县立小学。1926年县立小学扩办初中班，1928年改名为宝安县立第一初级中学，由此开始了凤冈学校的中学历史。

紧随光祖学堂和凤冈学校之后，平冈中学于1930年建成。1926年，有感于整个惠阳县第八区（现深圳东部地区）中学教育缺失，一批有志之士和海外华侨决定创办平冈中学。通过振兴教育，为国家培

▲ 平冈中学（鲁训告摄）

养人才，促进经济社会发展。平冈中学建成后，成为当时整个深圳东部第一所全日制中学，也是现龙岗区域内第一所全日制中学。

平冈中学校名源自坪山、龙岗，将"坪""岗"分别去掉"土"字旁、"山"字头，变革之意自不待言。平冈中学建成后，罗京濂任首任校长，教职工9人，初定校名为惠阳县第八区私立平冈初级中学校，时任国立中山大学校长邹鲁为学校题写了"诚、信、勤、朴"校训。平冈中学第一届招生，共设立两个班，学生80余人，生源大多来自龙岗、坪山、坪地、横岗、凤岗等地。

平冈中学创办后，成为当时深圳东部的最高学府，也开启了整个龙岗区域的中学教育历史。1947年，旅居巴西、古巴、牙买加、苏里南、法属圭亚那、麻地力、南洋的横岗籍华侨和居住在香港的横岗籍同胞，又共同捐资建立了一所全日制中学——惠侨中学（现横岗中学）。

"百年大计，为栋为梁。睹看英才蔚起，为我邦家之光"，这首由惠侨中学首任名誉校长何寿康创作的《惠侨中学校歌》反映了龙岗人尊师重教的传统文化，华侨捐资助学"为邦为家"的精神。

新中国成立后，龙岗区域内的中学教育得到进一步发展。1956年，新政府在原"纪劬劳学校"

创办平湖中学，纪劬劳学校的精神便由平湖中学传承了下来。当年9月，平湖中学正式开学，招生35人，设立一个初中班。已经结束漂泊生涯归国的刘仲德重新回到了平湖，担任平湖中心小学校长，兼任平湖中学校长。

1958年，平冈中学始设高中，规模扩大至12个班，并更名为宝安县龙冈中学，是当时深圳东部地区规模最大的一所完全中学。据相关史料显示，现龙岗区域内的高中办学历史，也是由平冈中学开始的。

1966年至1985年期间，兰著学校也曾办过初中，学生最多时220人，教职工15人左右。平湖中学也曾办过10年高中。1968年，平湖中学开始招收高中生，直到1978年再度改招初中生。在这10年里，平湖中学毕业的高中生达800人，为龙岗的教育做出了应有的贡献。

2020年初，平湖中学启动高中部扩建工程。2022年9月，平湖中学高中部投入使用，招收400名全寄宿制高一新生，学校升级为一所完全中学。

经过改革开放40余年的发展，尤其是龙岗建区以来30年的发展，龙岗地区目前各类初中学校已有中学18所，九年一贯制学校99所，十二年一贯制学校9所，初高中教育上了一个新台阶。

摇篮与媒介

回顾 90 余年的办学史，平冈中学培养了数以万计的学生，在各个时期为国家输送了大批人才，被誉为龙岗的人才摇篮。

平冈中学 1955 届校友何煌友（1938—2013），是深圳著名摄影家，曾担任过第五届广东省政协委员。他一个人用一部相机记录了深圳 20 多年的发展史，记录了改革开放的辉煌成就和艰辛历程。

1964 届校友李容根，曾任宝安县委书记、深圳市副市长、广东省副省长，他曾形容自己"与这个改革开放前沿城市一同生长，也很欣慰将自己交给了这座伟大的城市"。创办于 1991 年，深圳第一所供盲、聋哑和智力障碍等各种残疾学生学习的学校深圳元平特殊教育学校，就是在李容根的推动下创建的。如今，东临布吉河，西倚莲花山，坐落在龙岗区布吉街道的元平学校已经是大湾区乃至全国都颇有名气的特殊教育学校。

东江纵队江南支队第二团团长李群芳，是著名的沙鱼涌袭击战、山子吓伏击战、红花岭阻击战等战役的指挥员，在 1940 年入伍前，也曾在平冈中学读书，离休后，他还担任过平冈中学校友会顾问。

抗战时期在平冈中学任教的张松鹤（1912—2005），更是赫赫有名。作为新中国著名的雕塑家，

▲ 平冈中学 1933 年教职员排球队

他是人民英雄纪念碑《抗日游击战》浮雕创作者，毛主席纪念堂汉白玉雕像创作者，还曾担任过第五、六、七届全国政协委员。

　　通过平冈中学的教师及校友名录，从这个侧面我们发现，平冈中学在龙岗乃至深圳、南粤的发展过程中做出过重要贡献，从这个角度看，把平冈中学称为人才的摇篮一点也不为过。

　　1928 年，18 岁的曾生（1910—1995）回国入读光祖中学，担任其班主任兼语文教师的是廖其恭。早在 1925 年，廖其恭就在光祖中学成立了"光祖青年新社"并担任社长。光祖青年新社的宗旨是反帝反封建，提倡男女平等、婚姻自由。并组织社员们到龙岗各地演说宣传、张贴标语、演出爱国话剧，宣传新思想。

廖其恭，也是平冈中学的第九任校长，1941—1947 年，他在平冈中学担任校长达 6 年之久。平冈中学第八任校长巫素贞也是自由思想的倡导者。巫素贞是五联巫氏子孙，1940 年担任平冈中学校长。1928—1945 年，巫素贞先后两次担任惠阳崇雅中学校长，还曾担任过平冈中学首任校董。巫素贞一生秉持"不可睥睨贫弱，人人平等视之"的信念，投身家乡教育事业，受到大家的尊敬。

像廖其恭、巫素贞、张松鹤这样的进步校长、教员，给学子所带来的"身教"或远胜于"言传"。不少人在他们的影响下，走上了革命道路。据深圳市新四军研究会副会长周克坚回忆，他父亲周刚鸣当年在平冈中学读书时，就是通过张松鹤介绍，加入东江纵队地下党，后担任龙岗地下党负责人。

平冈中学以一种包容之姿，接纳着一群优秀的龙岗儿女。他们从四面八方而来，在平冈的校园里相聚，又从平冈的校园里去往四面八方。

那些先进的思想，关于健全人格的理念和实践，也得以在这里汇聚、阐发，再随着人群的流动，散播到更广阔的社会里去。

◀ 张松鹤与夫人陈淑光在
《新四军战士》创作现场
（1958 年）

第 五 章
义 重 千 山

日军侵华导致龙岗多处学校被迫停办，但学育却并未就此终止。龙岗各处的师生们，在炮火中，仍然放置了**几张书桌、几支笔**。枪炮声与读书声，一时同起。**枪炮声**，意味着屈辱和不幸，**读书声**，意味着不停地**抗争**，也昭示着**希望**所在。

曾经传出琅琅书声的校园，成了**传播抗日之声**的阵地。

1937年 碉楼畔的枪炮声与读书声

行走在坂田老村中，一条条小巷、一棵棵古树，依稀能望见当年的旧影。如不是快递小哥骑着电动车穿梭其间，映衬着斑驳的老巷，真能让人仿佛回到当年的感觉。

老村中部，一栋五层高的老楼矗立着。楼的门楣上书有"就昌楼"三字，在时光中透露出雄浑、苍劲。据坂田小学老校长张锦传在《坂田就昌楼，春秋风雨路》一文记载，就昌楼由华侨张就恭于1926年修建，"就昌楼"三字则是由鼎新学校老校长张肇恭所书。

绕到就昌楼右侧，一处水泥修补的地方格外显眼，这是一处历史的"伤口"。据张锦传的记述，就昌楼主体建筑本是三间大瓦屋。1940年，日本侵略者进犯坂田村，将三间大瓦屋放火烧光。这处五层高楼因有一道非常坚固的铁板门，侵略者无法进入。恼羞成怒的日军在布吉上亚坪用大炮瞄准就昌楼发射炮弹。炮弹不偏不倚，正好击中东面墙中间位置，炸出一个约4平方米大洞。就昌楼虽然中了一发炮弹，但岿然不动，屹立不倒。

是"伤口"，也是见证。

日军侵华导致龙岗多处学校被迫停办，但教育却并未就此终止。龙岗各处的师生，在炮火中，仍然放置了几张书桌、几支笔。枪炮声与读书声，一时同起。枪炮声，意味着屈辱和不幸；读书声，意味着不停地抗争，也昭示着希望所在。

曾经传出琅琅书声的校园，成了传播抗日之声的阵地。无数的学子、教师，从一座座校园里出发，走上战场，走向敌后，"虽死生而吾往矣"。

火烧学校

1938 年的初夏，纪劬劳学校的男女学生正在课间休息，他们唱着歌，做着游戏。但美好的时光，戛然而止。一阵机器轰鸣的怪声从天空传来，一架飞机正朝下俯冲。不一会儿，火车站方向传来一声巨响。

这段记述，来自纪劬劳学校学生、后来成为平湖首位女共产党员刘茜芬的亲身经历。一声巨响，让刘茜芬意识到：日本鬼子来了！战争来了！[1]

广东省档案馆也保存了一份当时情形的记录。

---

[1]《百年平湖书系》编写组.百年平湖书系：世纪 百年平湖的记忆荣光.
北京：中国文史出版社，2018.

▲ 兰陵学校旧校舍

1938年5月12日下午，一架日机在平湖火车站上空投下4枚炸弹，炸毁车站工人宿舍2间，炸死3名妇女1名男孩，另有4人受伤，财物损失约值2000元国币[1]。

据深圳市地方志办披露，日军占领期间，深圳地区可用货币计算的财产损失以1937年物价来计，为300万元法币[2]；平民伤亡高达2.5万余人。[3]

深圳沦陷期间，学校也成了日军烧杀抢掠的目标，可以利用的就强占，不能利用的就拆掉甚至烧毁。首当其冲的是位于广九铁路沿线的各所学校，

---

[1] 宝安县县长梁宝仁致广东省民政厅呈文及抗敌战事调查表．广东省档案馆．馆藏编号：3-3-143.

[2] 1935年（民国二十四年）起由中华民国国民政府发行的国币。

[3] 慕伟，陈冰．日占期间深圳平民伤亡．深圳特区报，2014-7-9.

这些学校曾因地理位置之便而发展壮大，因之也成了被日军强占乃至烧毁的主要对象。

1942 年，日军为发挥广州和香港两个中转站的作用，强占离李朗火车站较近的乾元学校校舍长达 3 年之久。平湖火车站附近的纪劬劳学校，乃至念妇贤医院、益民公司都被日军藤本末夫中佐的大队部及两个中队强占，当成了营房。

在距离布吉火车站较近的坂田老村，日军不仅烧毁了就昌楼的三间大瓦屋，也烧毁了拔元学校，村中的多处房屋也未能幸免。坂田小学原教导主任、张祥恭的孙子张林新回忆："坂田一带的村民普遍支持共产党，因此成了日寇的眼中钉！他们来村里'扫荡'，把我们的房子都烧光了。"

位于丹竹头的振声学校，则直接被日军拆去了整个二楼。

那些不在广九铁路沿线的学校，也未能幸免于日军的破坏。育贤学校的校舍被占，村中 140 多间房屋全部被拆毁，横岗学校的校舍被毁，兰陵学校的屋顶被全部烧毁，只剩下断垣残壁，平冈中学也在炮火中多次停办。

那些曾经遍布私塾、书室的客家老屋也成了日军觊觎的目标。1943 年 8 月，驻龙岗日军的一队人马来到鹤湖新居抓壮丁。守在外墙望楼的人老远便看到了日军队伍，迅速组织老弱妇孺躲避。而罗氏青壮年与其对抗。但是，这座以防御著称的围屋，终究不敌日军先进的武器装备。青壮年退守于外围望楼，日军久攻不下，恼羞成怒，放火烧楼，围堡中最高的望楼就这样被一把火烧掉。

然而，一如就昌楼的屹立不倒，客家先祖的智慧也在鹤湖新居起了作用，在熊熊大火中，青壮年还是通过望楼上的走马廊成功脱身，保存了力量。

以碉楼为据点

学校被烧、被占领，师生们就另寻校址重办。那些因新式学堂被放置而逃过日军炮火的祠堂、私塾、碉楼，又重新成为读书的地方，并成为一个个抗日据点。

拔元学校被烧毁后，学校先是在与就昌楼相邻的天主教堂办学，后又迁到张氏祠堂，并取名鼎新学校。据张林新的弟弟张新华回忆，用作鼎新学校校舍的祠堂原是坂田张氏先祖成琏公所办的养正书室，拔元学校创建后，养正书室一度闲置。面对日军的炮火，它重新被启用。

1940年，日军怀疑就昌楼是共产党的抗日活动地，就昌楼引起敌视，遭到火烧、炮轰。不承想，在这之后，就昌楼反而在中国共产党的抗日救亡行动中扮演了更加重要的角色——成为抗日游击队的据点，成了一座名副其实的抗日堡垒。

南岭村中，在曾生所领导的游击队的影响下，青年张学宏前往香港，到共产党培养革命干部的达德学院读书。1941 年，毕业后的张学宏回到家乡，在俊千学校教书，并以此为掩护，在周边各村传播革命思想，发展组织了以张启秀、谭子荣、林少金、林雨华、林汉荣、林平、张学年等为主要成员的抗日游击队员。

同时，游击队以位于南岭村油炸吓的"权宜筱住"碉楼（南岭炮楼）为秘密地点，召开秘密会议，油印革命宣传单，开展地下活动。南岭炮楼二楼的木楼板建有秘密夹层，如遇紧急情况，游击队就将革命传单等资料藏入夹层，躲过敌人的搜查。

游击队依靠俊千学校和"权宜筱住"碉楼为据点，在周边地带进行了系列游击活动，包括打击和捉拿布心围土匪、炸毁驻有匪警的丹竹头八角楼等。

除就昌楼、南岭炮楼外，山厦炮楼、甘坑炮楼、曾鸿文炮楼、丹竹头西炮楼等旧式碉楼，均是著名的革命据点，在抗日战争和解放战争中，发挥过重要作用。如曾鸿文炮楼，曾是中共宝安县委员会、东纵主要抗日据点和临时指挥所之一。曾鸿文炮楼及其主人曾鸿文，还参加了 1942 年的"文化名人大营救"，协助部队打通"龙岗生命通道"，成功让宋庆龄、何香凝、柳亚子、邹韬奋、梁漱溟等滞留香港的文化名人、爱国民主人士及家眷、国际友人从香港安全转移到内地，无一人牺牲，无一人被捕，堪称奇迹。

在日军侵略深圳的7年间，龙岗人民对日进行游击战，龙岗地区的教学也在打游击战。以六约学校为例，平时敌人来侵扰，教师就带领学生上山躲避；敌人走了，师生就回到学堂上课。

乾元学校被侵占后，学校师生被迫分流至大园村、大坑村等地，但他们坚持在迁徙中办学。直到1945年日本投降，师生才重新回到原来的校舍。

1946年春，平冈中学在多次停办后终于复办，专门设初一"新生班"和初二"醒钟班"；1948年，中共平冈中学地下党支部成立，并新招了"晨曦班"等班级……

新生、醒钟、晨曦，一个个名字，既饱含着对国家前途的美好希冀，也寄寓着龙岗人民振奋精神的美好意愿，是时代的记忆和见证。

如今，距离日本投降已经过去了77年。为了铭记历史，俊千学校、南岭炮楼、就昌楼、山厦炮楼、曾鸿文旧居、育贤学校等一处处遗迹，或成为文物保护单位，或成为红色革命遗址，透过时代的遗迹，

▲ 山厦炮楼

昭示过往，激励后人。

　　值得一提的是，鼎新学校的老校舍虽已废置，但旧址仍在。低矮的老屋门前，一株在日本投降数年后种下的凤凰木已高约数丈。

　　年年春末，凤凰花都会如期绽放。

1930 年 在校园中播撒革命火种

　　1927 年，大革命失败。同年，中共宝安县委员会成立，并组织了第一次工农武装暴动。

　　1928 年 2 月 23 日，"宝安一大"召开，大会为期一天，到会代表 19 人，代表全县 197 名党员，这也是新中国成立前中共宝安县地区党组织召开的第一次也是唯一一次的党代会，"宝安一大"点燃了深圳革命的火种。"宝安一大"后的 1928 年 4 月、5 月，又陆续举行了第二次、第三次工农武装暴动。

　　在宝安第二次工农武装暴动期间，担任中共宝安县委书记并率领发动武装暴动的刘伯刚，正是纪劬劳学校第二任校长刘仲德的堂兄。由于暴动失败，身份暴露，刘伯刚被组织安排转移到香港暂避。

▲ 刘伯刚

　　1930 年初，刘伯刚从香港回到家乡平湖，进入纪劬劳学校任教并担任教导主任。刘伯刚这一次回乡，带回了新的思想。

抗日洪声满校园

纪劬劳学校不仅在教学内容和形式上发龙岗之先声，在发展革命事业上也走在了龙岗前列。

早在 1925 年，周恩来随国民革命军到达平湖并留宿纪劬劳学校。1925 年 1 月，广东军阀陈炯明叛变革命，黄埔军校教导团官兵和在校师生组成学生军，参加东征讨陈作战。当时，周恩来以黄埔军校政治部主任、东征军总政治部主任身份，参与东征的指挥和领导。

住在纪劬劳学校期间，黄埔学生军组织平湖的一些年轻人加入宣传队，向广大平湖人民宣传革命思想，并邀请刘彭龄、刘耆卿等人加入宣传。

大革命失败后，作为平湖地区唯一的正规学校，纪劬劳学校聚集了平湖大多数优秀的青少年。

1930 年，刘伯刚回到平湖后，将向青少年传播进步思想作为工作目标。1931 年下半年，在刘伯刚的影响下，刘仲德加入了中国共产党。

校长和教导主任的身份，给刘仲德和刘伯刚接触甚至领导学校的青年教师和青少年学生参加革命带来了很大便利。他们以纪劬劳学校作为党组织的秘密基地，积极开展活动，不仅教育在校的青年教师和学生学习革命道理，而且还通过学生向周围农村传播反帝反封建的思想。作为新思想的堡垒，纪劬劳学校犹如平湖民众心中燃起的一盏明灯。

不幸的是，1931年冬至，因叛徒出卖，刘伯刚、刘仲德两人被逮捕。虽在准备押解前被平湖墟的商贩、店员、工人和附近糖寮的农民发现并解救，但两人只能连夜逃往香港，并开始了多年的流亡生涯[1]。

纪劬劳学校的革命活动并未因刘仲德、刘伯刚两人的逃亡而停止。1936年，正是平湖荔红禾黄的时节，纪劬劳学校来了一位从东莞过来的何老师。这位老师名叫何与成，东莞莞城人，抗日战争时期在东（莞）宝（安）地区从事抗日救亡运动。

来到纪劬劳学校后，何与成公开向同学们宣传抗日救亡的革命道理。他还倡导成立读书会，引导青年教师和学生阅读《大众哲学》《大众周末》《世界知识》等进步书刊，宣传共产主义思想；组织宣传队，在平湖墟和周围乡村开展革命宣传活动。当时，纪劬劳学校的校长由开明的平湖乡绅刘耆卿担任，他支持何与成的主张，主张学生要以学业为重，明白国家兴亡的道理，掌握知识通过行动来报效祖国。因此，学校里形成了抗日救亡、爱国好学的热烈氛围。

何与成在纪劬劳学校活动的时间虽然只有短

---

[1]刘仲德于新中国成立后回到故乡平湖，刘伯刚终生未回，不过他将自己的大儿子刘建宇送回了祖国。

▲ 艾思奇《大众哲学》

短半年，却为平湖地区抗日战争时期的建党工作打下了坚固的思想基础和做好了人员预备，刘云、刘仁、刘茜芬、刘燮芬等 10 多名高年级同学，在何与成的培养下走上革命道路，先后加入中国共产党，成为平湖地区革命斗争的骨干力量，纪劬劳学校也成了平湖革命者的摇篮。

"我们是新生的一代……我们认得清，谁敌谁友，谁奸谁忠，我们求进步，趋向光明。"这首由六约学校"抗日校长"廖荣坚谱写的校歌，至今仍为广大师生所传唱，激励新一代青年奋发向上。廖荣坚是一名地下党员，在六约学校期间，他一边坚持教学，一边组织师生参加当地的抗日救亡运动，宣传抗日救国道理。据当地老人回忆，廖荣坚在该校发展了多名共产党员，孕育了革命的火种。

鼎新学校的校长余席臻也是中共地下组织成员，他以校长身份做掩护从事革命工作，宣传革命理论，培养了不少爱国志士。

类似这样的故事还有许多：

1937年2月，中共香港海员工作委员会组织部部长曾生介绍傅觉民担任龙岗大井村育贤学校校长。傅觉民在育贤学校期间，团结学校进步教师、学生，组织他们学习《新华日报》《救亡日报》《抗日周报》等报刊和进步书籍，并在村内开展革命活动。在他的宣传影响下，先后有17名学生和村民加入了共产党，投身于抗日游击队。

1941年，越南归侨、东江纵队女战士朱金玉到上水径开展工作。朱金玉（1922—1942）在上水径从事地下工作期间，曾在水径学校担任教师 [1]。她还组织群众尤其是女同胞学文化、教唱抗日歌曲，

---

[1] 一说其在上水径期间，曾参与了水径学校的创建。不过按照水径学校创建于1936年推算，彼时朱金玉仍在越南尚未归国，年龄也只有14岁。

▲ 崇正学堂（鲁训告摄）

激发群众的抗日救国热情。朱金玉后来前往洪田村
做民运工作时，不幸被捕，英勇牺牲。

在抗日战争最激烈的时候，作为环水楼叶氏后
人的李群芳，直接将崇正学堂的课堂搬到了自己家
的祠堂。校长由地下党员何瑞清担任，共产党员黄
光、丘能、李盘、周伯明担任各科教师。1941年，
9岁的林谭煌进入崇正学堂，成为一名小学生。林
谭煌印象最深刻的是李群芳给他们上课，教唱革命
歌曲《红缨枪》。受革命思想影响，林谭煌十二三
岁时就成为地下党的通信员。16岁那年，林谭煌
秘密入党，介绍人就是时任崇正学堂校长的黄国荣。
林谭煌还曾受黄国荣指示，为东江纵队绘制平冈中
学地图。

　　在日军将学校变成营房的时候，英雄的龙岗儿女就将学校变成抗日据点，变成宣传抗日思想的阵地，他们在校园中宣传抗日思想，聚集抗日力量。当他们走出校园后，则成了英勇的抗日战士，为自由、独立抛头颅、洒热血，留下了许多可歌可泣的故事。

炮火声中建校

　　在日军的炮火中有的学校被毁掉了，但在炮火声中也诞生了许多新的学校，红朱岭学校（现平湖中心小学）和战时中心小学（现爱联小学）就是在战火中诞生的学校中的代表。

　　1937 年 9 月，在距离纪劬劳学校仅 1 公里的平湖红朱岭老围村，由平湖一些有名望的乡绅牵头，在鹤轩书室的基础上组建了红朱岭学校，刘子元任首任校长。

　　1938 年，刘曼之受中共东莞中心支部书记姚永光的指派，回到平湖担任中共特别区委书记，开展抗日救亡工作。在德高望重的乡绅、红朱岭学校校董刘耆卿的帮助下，刘曼之被聘为红朱岭学校首任教导主任。

　　刘曼之组织老师和高年级学生成立抗战话剧队、歌舞队等进步团体，一方面宣传动员群众抗日救亡，一方面考察和选择运动中的积极分子，发展党员。

这其中，最著名的就是刘茜芬四姐弟。刘茜芬原是纪劬劳学校学生，1936 年，她在纪劬劳学校读书时就在何与成的影响下接受进步思想。刘曼之与刘茜芬的第一次见面，也是经何与成介绍。在刘曼之的介绍下，刘茜芬成了平湖历史上第一位女共产党员，在地下党的领导下负责情报交通工作。

特别值得一提的是，从 1938 年参加革命到1983 年 8 月离休，45 年来，刘茜芬基本上都从事教育工作。烽火岁月里，她以教师身份做掩护从事党的地下工作，新中国成立后，她又担任小学校长长达 27 年，从事教育管理和领导工作，培育桃李无数，离休之后她又担任广州市东山区（2005 年撤销并入越秀区）退休教师协会会长 12 年，可以说是龙岗教育工作者的典范。

刘茜芬的大妹刘燮芬也是一位向往革命的进步青年。1939 年 2 月，她经刘茜芬介绍，成为平湖地区第二位女共产党员。1942 年 2 月，经二姐刘燮芬介绍，刘茜芬的小妹妹刘宝英也加入了中国共产党。

1943 年，红朱岭学校更名为平湖乡中心小学。同年秋，刘茜芬的小妹妹刘宝英接受东莞二线县委的委派，从东莞就读的师范学校返回平湖出任平湖红朱岭、新祠堂党支部书记。回平湖不久，刘宝英在红朱岭学校教书并从事革命工作，刘宝英是平湖史上第一位女教师。

在抗战中后期平湖地区的斗争史上，刘宝英堪称革命的"播火者"和"引路人"——红朱岭村子弟刘坚、刘连科兄弟，香港出生的刘华胜都曾在她的领导下从事地下情报工作。

平湖地区党组织的地下情报机构，主要负责收集驻守在平湖及附近地区日伪军的动态情报，并且分为路东、路西两个相对独立又相互关联的情报站。路西情报站设在红朱岭学校，由上级先后指定刘曼之、刘敏负责，直属二线县委领导；路东的情报工作则由刘宝英及其领导下的党支部具体负责，设在红朱岭刘宝英家里。

刘茜芬的四弟刘卓礼也在平湖的纪劬劳小学完成了初级教育。受姐姐们的影响，他在1944年16岁时便参加了抗日队伍，成为东江纵队路西一支队的文书、政工队员。参加革命之后，刘卓礼被组织安排在东莞大岭山和平湖一带做地下交通联络工作，时常在一个小书店门前弹吉他，传递信息。1981年深圳改革开放时，刘卓礼和初中同学回东莞寻访，当地老乡还记得他就是当年在书店门前弹吉他放哨的那个少年。

　　抗日战争结束后，东江纵队北撤。1946年，18岁的刘卓礼由组织派遣到香港，接任吕坪香港香岛中学地下党支部书记一职，开展地下联络和组织学运工作，公开身份是学生会主席。在1946年底至1947年1月，全国各地爆发了声讨美军强暴北京大学学生沈崇事件，香港的学生也加入了声讨美军的学生运动。在香岛中学的篮球场上，时任学生会主席的刘卓礼在近千人的大会上，带领大家喊出了"抗议美军暴行，严惩美军元凶，反对政府媚外，维护中国主权独立！"的口号。[1]

　　如果以从私塾向学堂过渡的第一期新式学堂发展的标准衡量，红朱岭学校只能算是后起之秀，甚至是"差生"。但如果放到抗日救亡的大背景中去考察，红朱岭学校却站到了时代的前列，尤其是在纪勋劳学校被日军强占以后，接过了救亡图存的"接力棒"，成了抗战烽火中的中共地下情报交通站，成了平湖片区抗日救亡的重要阵地。

　　"在抗战的炮火中创立，在饥饿线上长成，风雨飘摇，卓绝坚贞，弦诵兮不辍，肃肃雍雍。"这首当年爱联学校的校歌，则直接呈现了该校在炮火中创立的过程与艰难。

---

[1]《百年平湖书系》编写组.百年平湖书系：面孔 平湖人的家族往事与珍存.北京：中国文史出版社，2018.

▲ 刘国枢一家（1934 年摄于广州）。左起：刘宝英、刘卓礼、刘国枢、刘燮芬、邓奕贤、刘茜芬

　　爱联学校的创始人之一、第一任教导主任张启秀回忆道："爱联学校前身，乃吾乡 1940 年创办之战时中心小学，其时正值国家民族灾难深重，故园风雨如晦，热心士子，爱国爱乡精神大发扬，因陋就简，广借民房，孜孜以赴，使人才培育得以延续，救亡教育亦得到普及，此诚吾乡教育史上之光荣一页也。"[1]

　　当时，龙城片区各村私塾学校停办，教育陷于停顿状态。爱联乡抗敌同志会干事张启秀、李六英、

---

[1] 1986 年，爱联小学教学大楼落成剪彩，由张启秀撰写表彰义捐者前言。

李奕清等毅然排除万难，团结乡中各界人士，成立基金筹集委员会，由李奕清（东江纵队地下党员，岗贝人）任主任，发动群众，广泛募捐，在江贝村（今岗贝社区）借用民房，呈报惠阳县政府批准，成立了新县制战时中心小学，并在正布岭（现为圳埔岭）设一分校。

学校成立之初，由张启秀担任教导主任，贯彻抗日救亡的教育方针。当时，学校的教师中除了一名来自东莞县的女共产党员梁坤仪（后易名梁燕云）外，其余教师也都是热心为家乡教育服务的进步知识青年。他们除认真做好学校安排的工作外，还积极投入抗日救亡宣传教育活动。由张启秀任编辑，出版了《福澳周刊》，并大胆排练演出当时被国民党列为禁剧的《重逢》，把抗日救亡教育扩展到社会上。

1942 年 浩气共千秋长在

1998 年，东江纵队创始人之一的周伯明（1919—1998）病重。弥留之际，他向东纵老战士联谊会打了一份报告，提出自己最后的心愿：将部分骨灰安放在 56 年前牺牲的朱金玉墓[1]旁。

1939 年，年仅 17 岁的朱金玉从越南回国，加入抗日游击队，在上水径、玉律、洪田村等地从事民运工作，担任水径学校教师。1942 年，朱金玉与周伯明新婚以后不久，就不幸被捕，英勇牺牲。此时的周伯明正与王作尧一起，带领广东人民游击总队第五大队在宝安县阳台山创建抗日游击根据地，投身在抗日战争的最前线。

"生来不能共享有，死后共愿再相会。"东江纵队老同志十分理解周伯明的心意，对他的报告表示同意。周伯明病逝后，他的部分骨灰被安放在了朱金玉墓旁。[2]

---

[1] 朱金玉死后葬于宝安石岩街道一处小公园内，该烈士纪念碑是纪念 1942 年战斗在宝安县的抗日华侨巾帼英烈朱金玉、王丽和其他三位抗日英烈的合墓。

[2] 林志勇. 战斗在宝安的抗日华侨巾帼英烈. 宝安史志，2015，2（53）.

周伯明对朱金玉的爱情，让我们从一个侧面了解了，那些为着大义、为着救亡图存而置生死于度外的英雄儿女，在心底的儿女情史，如他们的事业一样，令人荡气回肠。

东江纵队

改革开放后，坂田小学于坂雪岗大道的现址新建校园时，特意请当年东江纵队司令员曾生题写校名。

曾生（1910—1995），原名曾振声，归善坪山石灰陂人(今属深圳市坪山区，曾隶属于龙岗区)。父亲曾庭杰是澳大利亚华侨，母亲钟玉珍是龙岗墟沙梨村人。

1938年10月，日军在惠阳大亚湾登陆，入侵华南。仅10多天时间，广州周围各县及东江下游地区相继沦陷。日军所到之处，杀人放火，奸淫掳掠，老百姓流离失所，家破人亡。

当年12月2日，党领导下的惠宝人民抗日游击总队正式成立，曾生任总队长，周伯明任政治委员，郑晋任副总队长兼参谋长，全队共100多人。同时成立东宝惠边抗日游击大队，中共东莞中心县委武装部长王作尧任大队长，而担任政训员的何与成，正是在1936年前往纪劬劳学校的何老师。这两支队伍便是东江纵队的前身。

1942 年，中共南方工作委员会副书记张文彬在白石龙主持召开干部会议，总结 3 年游击战争经验，决定成立广东人民抗日游击总队。1943 年 12 月 2 日，又将广东人民抗日游击总队改为广东人民抗日游击队东江纵队，曾生任司令员 [1]。

在日军占领深圳的 5 年里，由曾生、王作尧等先后领导的游击队、东江纵队，同日寇展开了艰苦卓绝的斗争，英雄的龙岗儿女，成为这支部队中不可或缺的重要力量。

在龙岗现存各学校的校史中，均有大量关于学生、教师参加游击队、东江纵队的记载：

在抗日斗争最激烈的时期，受"抗日校长"廖荣坚影响，六约学校教师黄远、黄丽英毅然投笔从戎，刘英华、黄春明、曾红、曾璋、曾记、黄寿、陈新、陈国光、黄河先等二三十人先后加入东江纵队。

黄秀是育贤学校学生会成员，同时也是村自卫队负责人之一，他除了领导学生与校内反动分子作斗争之外，还负责上井村人民财产安全工作，后加入东江纵队；育贤学校学生钟友曾担任中共惠阳西部地区特派员蓝造的交通员，经常通过敌人的重重岗哨、封锁线来往淡水、坑梓、龙岗等地，传递上

---

[1]《纪念东江纵队北撤山东六十周年》，龙岗区档案馆地情资料。

级指示。

兰著学校学生余丁生、余才生毕业后于1943年加入东江纵队，余丁生任参谋长，退役后曾任广东省林业厅厅长；余才生在新中国成立后曾任南京军区政委。身为华侨子女的余仙佑，在兰著学校开办不久后，以华侨子女的身份从巴拿马返回回龙埔，进入学校就读。1944年，余仙佑也加入了东江纵队，曾任两广纵队的排长。1946年，东江纵队北撤山东，余仙佑亦随部队北上。

大田世居陈氏则有三兄弟一同参加革命的佳话。大田世居是一处带有徽派元素的客家围屋，距今已有近200年历史，位于现龙岗区宝龙街道龙东社区。陈谷如、陈锡朋、陈育光三人均在此出生、成长。

抗日战争时期，陈谷如在平冈中学读书。其间，他与当时的地下党频繁接触，毕业后成了一名地下工作者。自1944年起，陈谷如在当时的龙岗墟大新街经营裕丰米店。裕丰米店实则是地下秘密情报交通站，陈谷如任交通站负责人，搜集传递情报。后来解放龙岗的战役，也是在此处发起。根据大田世居特有的地理位置和宅院便于藏匿的特点，东江纵队还在陈谷如家中设立了秘密疗伤站。陈谷如兄弟三人多次冒着生命危险，将多批伤员接回家中藏匿并精心照护。1944 年初的一天深夜，陈谷如将负伤的东纵一支队二团副队长曾容背回家，安置在大田世居西偏房阁楼，每天亲自送食物，对外一律保密。经过半个月休养，曾容伤好后重返战场。

何与成、刘曼之、傅觉民、张松鹤、朱金玉等前往纪劬劳学校、红朱岭学校、育贤学校、平冈中学、水径学校担任教师前，便已加入东江纵队；创办战时中心小学的张启秀，则担任过曾生的秘书。

从龙岗、从深圳、从东江地区走出的东江纵队是华南敌后战场蜚声中外的一支坚强的抗日武装力量，是广东人民抗日的一面旗帜，为全国抗日战争的胜利做出了重大贡献。

据不完全统计，抗日战争期间，东江纵队对日作战 1400 余次，毙伤日伪军 6000 余人，俘虏、投诚 3500 余人，缴获各种枪 6500 余支，各种炮 25 门。但在历次大大小小的战役中，东江纵队也有 2500 多名指战员为国捐躯，血洒疆场。

白发难忘红花岭

许多年后，余健容也已经白发苍苍。回忆起堂兄余仙佑牺牲消息时的场景，仍旧历历在目。那已是新中国成立后多年，广东省政府委托龙岗乡送来了余仙佑烈士的牌匾。"听到这个消息后，大家心

▲ 龙岗人民革命烈士纪念碑（民子摄）

里都很难过，奶奶躲在屋里偷偷抹眼泪。"

直到这时，余健容和家人才知道，余仙佑早已牺牲。1946年，余仙佑随东江纵队北撤至山东烟台。1948年，他又参加了三大战役中的淮海战役，不幸牺牲，年仅20岁。

当白发苍苍的李群芳再一次忆起1948年的红花岭战役时，也仿佛仍在昨日。作为崇正学堂、平冈中学毕业生，东江纵队江南支队第二团团长的李群芳，在《英雄顽强的阻击战——红花岭战斗》一文中回忆：

（8月）3日晨，敌徐东来等部二千余人由龙岗方向向我扑来"，"当时我部队驻地一带，地势比较平坦开阔，只有红花岭海拔三百米，俨然有鹤立鸡群之势。沿主峰相延而下还有几条山梁，山下是一片片的田地。红花岭可以居高临下，控制山下周围地区。因而，便成为敌我必争之地。

江南支队二团300余人奉命迅速抢占红花岭，"红花岭战斗，我一、二、三团部队都打得英勇顽强，击退敌人的进攻，固守了阵地……（9个小时）击退敌人的十三次冲击……这次战斗共毙伤敌军三百余人，我部队伤亡二十余人"。

　　徐东来部进攻红花岭时，坂田人刘秀莲所在的江南支队三团刚刚转移到东莞一带。三团从东莞清溪牛湖村向龙岗红花岭驰援，下午5点多，三团终于在急行30多里后到达红花岭。当时，一团、二团已打垮了徐东来部的12次冲锋，许多战友英勇就义，幸存的战士也做好了与敌人同归于尽的准备。三团的到来有力支援了一团、二团的战役，终于打退了敌人。战役结束后，刘秀莲爬上红花岭，被眼前的惨状震惊了。"原本绿色的山岭一半被炮火炸黑，一半被鲜血染红！"

　　为了纪念红花岭阻击战，缅怀革命烈士的丰功伟绩，龙岗区在红花岭阻击战遗址上，建起了红花岭烈士纪念碑公园。2004年，又更名为龙岗区烈士纪念碑公园。

　　从如今的龙西小学往北，仅1公里之遥，便是龙岗区烈士纪念碑公园。走近龙岗区烈士纪念碑公园，远远就能看到高达18.6米的"龙岗人民革命烈士纪念碑"。

　　这里，长眠着542名龙岗烈士，其中，抗日战争期间牺牲的龙岗革命烈士有286名，解放战争期间牺牲的龙岗革命烈士有227名，从抗日战争期间到解放战争期间的12年间共牺牲513人。

　　这些英雄儿女的故事，一如龙岗区人民革命烈士纪念碑碑文所载——

　　龙岗地当东江要冲，自古物阜民丰，人杰地灵。鸦片战争以降，列强纷至沓来，遭逢乱世，民不聊生⋯⋯

　　东江纵队，孤悬敌后，分击日伪顽，蜚声海内外，秘密大营救，港九建奇功。八年艰苦卓绝，浴血抗日征程⋯⋯

　　抚今追昔，告慰英烈，更觉青史与日月同辉，浩气共千秋长在，特立此碑于龙岗红花岭，以志永久之纪念。

第 六 章
薪 火 相 传

兰菁扬辉季春逐梦使命担当

金牛奋蹄俯首育人初心不改

改革开放以后，一方面，村集体、村委等通过引进外资、办厂等各种方式，实现了**经济水平的大飞跃**，可以在财政支持之外，为学校的建设**提供支撑**；另一方面，爱国华侨欣闻祖国改革开放，又再度**慷慨捐资捐物**，也形成了第二波"**反哺**"的高潮。**薪火相传，不知其尽也。**

1950 年　艰难岁月：学谷与庙梁

　　新中国成立后，百废待兴。龙岗区域的办学，也经过了很长一段艰难时期，尤其是在校舍方面。抗日战争刚刚过去数年，很多学校的校舍遭到日军严重毁坏；也有一部分老校舍虽未遭到日军毁坏，也因年久失修成为危房很难继续使用；同时，因为人口不断增加，适龄儿童入学需求不断扩大。

　　不过，即使是在 20 世纪 50 ～ 60 年代，即使是在最艰难的时期，各个学校的校长、老师以及村民还是竭尽所能地让更多孩子有学上，因此办学仍取得了一定程度的发展。到改革开放以后，一方面，村集体、村委等通过引进外资、办厂等各种方式，实现了经济水平的大飞跃，为学校的建设提供了物质支撑；另一方面，爱国华侨又再度慷慨捐资捐物，形成了第二波"反哺"的高潮。

　　龙岗地区的教育薪火相传，不知其尽也。

挂欠的学谷

　　1950 至 1958 年，坂田小学辗转在张氏宗祠、书王坪、崇真堂、石桥头民房等处办学。不过，由于入学儿童增多，因此以民房为校舍已很难继续满足教学的需求。就昌楼再一次发挥了重要作用。1958年冬人民公社化初期，坂田大队出资将就昌楼三间大瓦屋修葺一新，基本上恢复了当年原貌。随之便将就昌楼及相邻天主堂作为坂田小学新校址。直至1983年，坂田小学搬迁新学舍，在就昌楼办学时间长达23年。"50后""60后""70后"的坂田村民，其小学、初中阶段多半是在就昌楼读书。

在《坂田就昌楼，春秋风雨路》一文中，张锦传描述了当时就昌楼的办学场景：

就昌楼与天主堂距离30米，中间一个篮球场，学校没有围墙，校园完全开放式。村中道路纵横交错穿过教室周围，教室与民居住房仅隔几米。鸡、鹅、鸭、狗叫声，走街串巷、焊锡整灯、整阳遮补糯斗吆喝声、大人呼唤小孩叫喊声，不绝于耳。声音传到教室，引起上课学生哄堂大笑。如果不看到篮球场，无论如何想象不到这里竟然是一所学校。篮球场是农村电影队上山下乡放电影的场地，旁边舞台是毛泽东思想文艺宣传队演出的地方。就昌楼既是学校，又是村民夜间集会学习毛主席最高指示和休闲娱乐、文化体育活动中心。

龙西小学也有相似的办学经历，据陈进祥回忆，学校新建校址前，也经历了一段"打游击"似的办学阶段。学生辗转在民房、祠堂等各处，常常一、二年级在这里上课，三、四年级在那里上课。

后来，村民终于下定决心新建一处校舍。不过，在物资短缺的年代，一块砖、一片瓦都来之不易。建得差不多的时候才发现，校舍还没有横梁。刚好村中有一处年久失修的庙宇，于是村民一商议，就拆了庙宇的横梁"捐"来做校舍的横梁，其中艰辛，可见一斑。

兰著学校校史记载，1930 至 1940 年代，部分学生上交谷物作为学费，由于许多学生不能按时缴付"学谷"，导致学校入不敷出。兰著学校没有因此将学生拒之门外，而是"将各职员未付薪谷，依照时价折算，暂时挂欠"。

新中国成立以后很长一段时间，各学校依旧延续了学谷制度。1958 年前后，兰著学校学费一年大概 2.5 元，学生一般用一担稻谷（约 40 公斤）抵算。

陈进祥说，他于 1950 年代上学的时候，龙西学校就通过收取"学谷"当作学费。当时龙西学校是一年收 50 斤稻谷、50 斤柴加 1 斤油。因为陈进祥学习成绩优秀，还曾被免除过两年学谷。

陈进祥回忆，由于当时家境贫穷，许多适龄学生入学时间都比较晚。比如他自己 15 岁才上一年级，考上平冈中学时已经 22 岁。张新华在回忆中说，他也是 10 岁才入学。

此外，新中国成立后，女性地位得到极大提升。不过，据陈进祥回忆，在 20 世纪 50～60 年代，受传统观念影响，各个学校的女学生寥寥无几。

平冈中学"老三届"校友戴明强回忆，在他读书的时候，大家都很穷，常常交不起学费。但是学校从来不会因此而将人拒之门外，没钱也让你有书读。当时的平冈中学不但设立了各类奖学金、助学金，农村来的学生还有每月 29 斤粮补助，"我父亲当时干粮食搬运工，一个月也才 26 斤粮"。有些住得远的学生，每日步行十几二十里路来上学，双脚常常磨出血泡。

大龄学生与扫盲班

新中国成立后至改革开放初期，除"文化大革命"期间，受各种运动的影响，部分学校停办、停课外，龙岗各所学校皆竭尽所能办学。

据爱联小学校史记载，新中国成立后，群众迫切要求学习文化知识，爱联小学（新中国成立后校名易为惠阳县第三区第三小学）学生人数增至 200 人。但学生年龄参差悬殊，有些甚至是二十六七岁

▲ 水径小学学生在上体育课

的男女青年。[1] 到 20 世纪 60 年代，爱联小学学生已达 300 多人。20 世纪 70 年代初期，更是激增至 600 人。

东江纵队老战士、水径村人邱伯祥回忆，朱金玉就义后，水径学校一度停办。新中国成立后，村民为了纪念朱金玉，又在原址办起学校。1965 年，由水径村委牵头，以村委办学的形式，把学校由下水径老围村搬到了上水径的现校址，重新建起一排瓦房，开设小学和初中，其中小学五年，初中两年（当时学制是初中两年），并正式命名为"水径学校"。

[1] 宝安县龙岗爱联小学编. 爱联小学校史（内部资料），1988.

到 1951 年，平冈中学也已经增至 7 个班级，师生达 300 多人；1956 年，平冈中学由私立改为公办，校名变更为惠阳县龙冈初级中学；1958 年，学校始设高中班，成为完全中学，校名改为宝安县龙冈中学，规模更扩至 12 个班。

1950 年，刘仲德终于结束了近 20 年的海外漂泊生涯，回到了祖国，回到了阔别已久的故乡平湖。

回深圳路过香港时，刘仲德住在同学刘长佑家里。此时，刘长佑已经是香港有名的房地产商，刘长佑一度劝说刘仲德留在香港发展，也有香港的学校有意请他去做校长，刘仲德一一谢绝了。刘仲德后来回到宝安县以后，宝安县领导亲自会见了他，赞扬他的爱国热忱并邀请他在侨联工作，也被刘仲德谢绝了。

在家乡平湖，刘仲德先是参加了土改运动，然后又重执教鞭，开始了他在新中国树人育才的生涯。他先后担任平湖中心小学和平湖中学的校长，参与平湖中学的创建。在此期间，刘仲德还举办少年儿童文化进修班，让那些无法进入学校读书的孩子认字读书。[1]

1952 年，刘仲德还办起了成人识字扫盲班。

---

[1]《百年平湖书系》编写组. 百年平湖书系：面孔 平湖人的家族往事与珍存. 北京：中国文史出版社，2018：25.

那一年，全国掀起第一次扫除文盲运动，宝安全县农村积极响应，各学校的师生成了这场扫盲运动的主力军，各种形式的农民夜校、扫盲班如雨后春笋般出现。平湖旧墟村的夜校，设在村里的一间小庙里，平湖中心小学老师刘任文、刘任武兄弟俩，负责该夜校的教学。[1] 爱联小学的扫盲班，则由学校的高年级学生在各自然村组织。

---

[1]《百年平湖书系》编写组 . 百年平湖书系：世纪 百年平湖的记忆荣光 . 北京：中国文史出版社，2018：176.

1978年 改革春风催物新

1978年，改革开放的春风吹到了深圳，吹到了龙岗。一批当年从私塾和学堂走出来的学子，成了改革开放的生力军。

同时，富裕起来的龙岗人，也开始将更多的资源投入教育上来。以"改革开放第一村"南岭村为例，从20世纪80年代初开始，南岭村先后拿出数百万元修建了高标准的幼儿园和中小学，还拿出一大笔资金奖励大学生、开办夜校。

自改革开放初期开始，龙岗又掀起了新一波兴建学校、大办教育的浪潮。时至今日，这波浪潮仍在持续。

无偿送出的"宝地"

作为南岭村第一位大学生，李文菁至今仍对考上大学的那一天记忆犹新。喜悦不仅仅来自收到录取通知书，还来自村里的奖励。"小学初中都在村里上，学费全免，上下学全程接送。我考上大学那天，村里还给了奖励，很开心！"

20 世纪 80 年代，渐渐走上富裕道路的南岭村决定：对村内考上大学的学子，一次性给予 10000 元的奖励，并每月补贴生活费 500 元。村里还规定，凡学龄儿童不上学的，家长将受到经济处罚；凡初中未毕业的，不给安排工作，一切集体福利无权享受；中小学生成绩优秀者和评上"三好学生"的给予奖励。

此外，南岭村委还拿出一部分资金，开办了改革开放后深圳第一所文化夜校，每周三晚上开课，让 35 岁以下没有达到高中文化程度的中青年全部参加学习。后来，村里还把一大批青年先后送到省里的高校脱产学习。

1992 年，一位港商看中了南岭村一块 5000 多平方米的"风水宝地"，打算斥资数千万购买。但是村委经过慎重考虑，决定把这块地无偿送给布吉镇高级中学（现布吉高级中学）[1]。数十年来，南岭村还先后在陕西延安、湖北应城、广西河池，以及广东河源、雷州、韶关等地捐建多所希望学校。

坂田村也有类似的做法。从 1991 年到 1999 年 8 年间，该村先后选送 81 名优秀高中毕业生到中山大学、广东省农业管理干部学院等院校深造，学成后回村服务。村委甚至明文规定，未经培训的

---

[1] 张金平，赖丽思. 张伟基：昔日"鸭屎围"变成"改革开放第一村". 深圳晚报，2015-9-7.

为筹建爱联小学新校舍继续发部募捐题序

回溯一九四〇年，正当民族灾难深重、风雨如磐故园暗之际，乡中有识之士，为挽救国家危亡，曾在极端困难条件下，毅然创办战时中心小学，使人材育有得到延续，对教亡教育亦起到晋及作用。不少学生走上舍身救国道路，随后走上建国岗位者亦甚众，此诚吾乡教育史上之光荣一页也。以后易名为爱联小学，学生人数多达五、六百人，仅次于龙冈区学生人数最多的中心小学。显然应列为我乡振兴教育事业之重点。但由于乡中经费困难，在漫长的岁月中，都在原旧破旧庙宇草草改建和扩建起来的校舍进行教学。目前这些教舍已日趋破烂，不堪继用，莘莘学子犹挤在危房中学习，殊使乡民常感慨愧不安！

我乡现虽属开放地带，正在进行工业区的建设。经济前途，曙光在望。但尚属建设中之过度。无力自行智力投资。为了保障学生安全学习，并为「四化」建设早日造就后备人材，乡民迫切要求自筹资金，迅速新建校舍，决心争取今年九月初在太平墈背后南侧破头仔破土动工。而五、六百人规模的新校舍，需筹足人民币二十万元度的资金，方能建起主体工程。几年前向外募集到的三万多元人民币，实在难成其事。爱集众众，决定采取广泛募捐方针，除向旅港同乡及海外华侨继续劝捐外，对内地职工干部和全体乡民，以及当地工厂企业，亦普遍进行劝捐，以期集腋成裘，而达众擎易举之目的。我乡旅港同胞及海外华侨，素具眷怀桑梓，关心后代成长之美德，亦无疑均蕴藏有兴办家乡教育之传统热情。如此四方义士，一共赋振兴乡邦教育之宏愿，数分金之鲍叔、齐解仁囊，定能达成吾乡建校大业之义举。他日竣成，德人仁事，当碑刻芳名表彰留念。余韵流风，永迪后人，实为善事。爱作此序，为吾乡诸君子劝。

张启秀 撰

一九八五年七月二十二日

▲ 《为筹建爱联小学新校舍继续发部（布）募捐题序》

青年，村委不予分配工作。1994 年，坂田村拨出专款 30 万元，在延安市子长县建起一座坂田希望小学。同年，在原国家主席刘少奇就读过的小学——湖南省宁乡县炭子冲村少奇小学，由坂田村资助，兴建一座新型的少奇小学。

差不多在南岭村兴建小学的同一时期，1985 年，爱联小学也开始筹建位于现址的新教学楼。彼时，仅需 20 万元资金即可以建起学校主体工程，但相比"改革开放第一村"的南岭村，彼时的爱联乡经济刚刚起步，经济困难，"尚属建设中之负债乡，无力自行致力投资"。

像 40 余年前筹建战时中心小学一样，爱联小学创办者、东江纵队老战士张启秀再次义不容辞承担起了筹建、募捐的重任。根据张启秀 1985 年 7 月撰写的《为筹建爱联小学新校舍继续发部（布）募捐题序》一文：

由于乡中经费困难，在漫长的岁月中，都在原由破旧庙宇草草改建和扩建起来的校舍进行教学。目前这些教舍已日趋破烂，不堪继用，莘莘学子犹挤在危房中学习，殊使乡民常感惶惶不安！

……为了保障学生安全学习，并为"四化"建设早日造就后备人才，乡民迫切要求自筹资金，迅速新建校舍……他日事成，德人仁事，当碑刻芳名表彰留念。余韵流风，永迪后人……

这篇募捐启事发布后，一时间港澳同胞、海外华侨、乡民及企业响应者众，很快筹集到了资金。1986 年，一座钢筋混凝土框架结构、占地 1360 平方米的教学楼，在爱联拔地而起。如今，爱联学校虽几经扩建，但该教学楼仍作为办公场所使用。

1994 年，龙西小学搬迁至位于距离原址不远的学园路 12 号的现校址，由当时的龙西村委建设了一栋"回字形"的建筑（现名为"龙西楼"）校舍。龙西小学的建设情况与爱联小学相似，通过村委募捐，由村民及海外华侨、港澳同胞捐资。

坂田小学迁到位于坂雪岗大道的现址是在 1997 年，当时，坂田已经是改革开放后较为出名的富裕村。校舍由村委出资 3000 万元修建，并将原来的扬马、五和小学合并，占地面积约 21000 平方米。

坂田小学的老教师至今仍记得，坂田小学的修建也经历了一些波折。当时校址所在地块已经被卖给港商，但此处两面环山，环境清静、幽雅，交通便利，是建校的不二之选。当时的村委班子对教育极为重视，因此，几经波折，最后终于加价把该地块从港商手中买了回来。

曾经的革命"小鬼"

南岭村的老书记张伟基是教育战线出身，在担任书记前，他曾在学校教书多年。

改革开放以前，南岭村也是出了名的穷和脏，被人叫作"鸭屎围"，张伟基回忆："那时因为太穷，连稀饭都很难喝上，村里靠贷款，去别处购买红薯才能勉强充饥，衣服上也是打满补丁。"

1982 年，南岭村生产队拿到了第一笔征地补偿费——43 万元，这是南岭村的第一桶金。穷怕了的大伙希望分了钱改善生活。张伟基思来想去，觉得有"母鸡"才能下蛋。因此，他和村干部挨家挨户做工作，最终，村民一致同意把这笔钱建厂房扩大再生产。事实证明，这一决策是正确的。到了1984 年末，当时仅有 134 户家庭的南岭村，已办起了 13 个来料加工厂。人均收入达 3500 元，成了名副其实的"改革开放第一村"。

比起张伟基，刘华胜（1928—2013）的资历更老，年纪也更大，他是最早一批在新式学堂接受教育的龙岗子弟。早在 20 世纪 30 年代，刘华胜就曾在纪劬劳学校读书，深受刘宝英、何与成等人的影响。1943 年，还是革命"小鬼"的刘华胜利用在平湖墟做小买卖的身份之便，进入到日伪医务所做杂工，获取了大量有价值的情报。

▲改革开放后，龙岗教育跨步前进（图为育贤学校新校址）

改革开放伊始，历经考验的刘华胜成了深圳经济特区首任总工会主席，当时，工会组织应该在经济发展中扮演怎样的角色尚无先例，"特区工会首先面临的就是突破姓'资'姓'社'的禁忌，用邓小平的话说，就是'杀开一条血路'"。[1]

改革开放后，深圳经济特区工会史上的多个"第一"都与刘华胜有关：市总工会开办了深圳第一个省电视大学教学班，后来在此基础上办起了广东省电视大学深圳分校，即今日深圳电大的前身；他请来香港工联会和洋务工人协会，为深圳第一批服务人员上课，办起了深圳第一个英语培训班、第一批酒店业的服务员培训班；第一次组织了港人深圳游。

正所谓草蛇灰线，伏脉千里。当改革的大潮开

---

[1] 陈晓航.他带领市总工会为发展"杀出血路".晶报，2013-4-13.

始涌动，那些建设深圳、建设龙岗的生力军，正是许多年前递送情报的革命"小鬼"，正是许多年前端坐在新式学堂里的少年郎，正是那些在三尺讲台上授业传道解惑的辛勤"园丁"。

1998 年 半世纪后的赠书

2013 年 7 月，在平冈中学校史馆刚筹建时，塔希提华侨余刘立安给平冈中学送来了一份特殊的礼物——一本民国二十二年（1933 年）出版的线装本《平冈中学校况》。

兰著学校校史馆"醒吾馆"保存的那一份 1937 年《兰著学校征信录》，也是余刘立安所捐赠。她同时向兰著学校捐赠的还有《兰著学校同学录》《兰著学校音乐教材》。

余刘立安的这两次捐赠，是为了完成其丈夫余省民的心愿。当她将这几本发黄的图书带回兰著、带回平冈的时候，一位漂泊半生的游子，仿佛也一同回归了故里。

余省民，字德修，回龙埔人。1933 年，余省民作为兰著学校第一届毕业生，以第一名的成绩考入平冈中学。1937 年，余省民从平冈中学毕业，因成绩优异留校任教，教授美术等课程。1937 至 1945 年，余省民在平冈中学任职长达 8 年。

1946 年，余省民回到兰著学校任教，担任音乐、

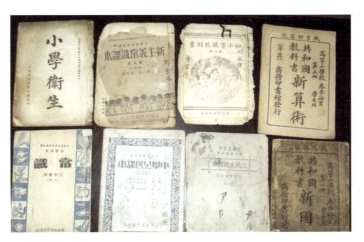

▲兰著学校老课本

美术两门课程的教学。1949年，余省民移民塔希提，开设中医诊所，服务当地华人。

　　1979年，改革开放的讯息传到塔希提。余省民无比兴奋，他时刻关注着故乡的发展和变化。听说家乡要修路，他捐款；听说要新建学校，他捐得更多。[1]

　　1998年，余省民听说兰著学校需要新建，更是积极捐款。他还多次回到故里，查看工地建设，重返当年上过课的教室、办公室，关切之情，溢于言表。学校新址落成后，筹建委员会一致同意将其

---

[1] 校史课程编写委员会. 山海有奇志 兰蕙吐芬芳——兰著校史课程（内部资料）.46.

中一个教室命名为"余省民先生教室"。

像余省民这样心系故乡的华人华侨，还有很多。改革开放初期到龙岗建区前后，那些半个世纪前慷慨解囊的龙岗华人华侨，再一次展现了他们的慷慨。

1982 年，在槐源学校旧址上建立起来的西坑小学迁建到现址（园山街道西坑社区宝桐北路），华侨曾运生、曾丁富、曾惠贤，香港同胞杨瑞瑶、何世宽、何世彬、何其春、杨石养等 152 人，共捐款 18 余万元。

龙西学校于 1992 年新建校舍，在香港、海外旅居的龙西人纷纷慷慨解囊，让彼时的村委干部印象特别深刻的是，作为龙西媳妇的香港人江丽银个人便捐了 1 万港元。

1986 年 12 月 21 日，爱联小学建成，张启秀在剪彩中的一篇《美人美事颂千秋》讲话列举了部分华侨的义举，他们中的许多人甚至不是爱联人。

例如，塔希提的募捐工作，由观澜人陈侠游牵头。龙岗猪牯石（现牯石）的刘煌捐助溪币 4 万元。塔希提（爱联）乡亲肖文华和肖瑞光分别捐助溪币 5 万元和 6 万元。美国乡亲李瑞云捐助 15581 港元。麻的力的何春夫妇捐助了 15000 港元。在旅港同乡中，李炳文是最突出的一个，不但多次添加了自己

▲兰著学校新教学楼（兰著学校供图）

的捐资，还常亲自出动劝捐。

此外，曾经在爱联小学任教、已届垂暮之年的女教师梁燕云，也向张启秀寄来信件，希望"出点微力"，捐献人民币 500 元。"她是靠工资生活的，谈不上有多少积蓄，能够如此，真不简单。"

这些学校大多会采取以华人华侨姓名命名课室的做法，来感念华人华侨对故乡、对教育的回馈。兰著学校 1998 年新建校舍，除了有"余省民先生课室"，还有"余官仁先生课室""余永芳先生课室""余皇贵先生课室""余玉华先生课室""余玉梅女士课室""余添福先生课室""余春生同志课室""余永良、水玉、健新、余玉财、育明礼堂"

▲ 兰著学校第二校址教室的命名牌

等。爱联小学除了设立"李新香纪念课室""李观华课室""张启光课室"等,还专门建设了"留芳亭",记录下每笔捐款,用以表彰四方义士、海内外乡亲踊跃捐资的义行美德。

肆

2022 年 尾声

　　《奔流——私塾与学堂里外的龙岗史话》一书从调研到写作，前后历时近一年。如今，等待付梓之际，思绪万千。最初，主创团队还很是担心，仅仅是龙岗区一个区的教育故事，是否足够支撑一本书的写作？从清末到民国的中华大地，军阀混战，内外交困，满目疮痍，教育又如何在夹缝中求生？后来发现，这些担心都是不必要的。即使在最艰难困苦的时期，勤劳、勇敢的龙岗人民也没有放弃对教育的重视，一栋栋新式学堂拔地而起，在战火纷飞中，文脉不绝。最后在最终成稿的过程中，反而因为篇幅原因，有许多感人的故事和细节，不得不忍痛舍弃。

　　回顾《奔流——私塾与学堂里外的龙岗史话》一书的调研与写作，其中叫人感触之处颇多，如果非要寻一个最叫人感触的地方，大约是寻访亲历者的前前后后。全书时间跨度逾百年，许多亲历者已经是八九十岁，这是一个与时间赛跑的过程，留下了许多遗憾，也有许多感动。

　　例如，坂田小学到底是什么时候改名鼎新小学，到底是先叫拔元学校还是先叫鼎新学校，各方记载都有不同，甚至连坂田小学的老师们都搞不清楚。后来，我们发现原坂田小学校长张锦传曾经专门为就昌楼、坂田小学写过回忆文字，其父亲还是坂田小学第一任老校长张肇恭，或许他知道其中原委！然而，当我们多方寻访却发现，张锦传老校长已于2019年病逝，而坂田小学原教导主任、建校人张祥恭的孙子张林新，也在2021年病逝。这一线索难道就此中断？在一个晴朗的午后，我们临时决定去张氏祠堂碰碰运气。功夫不负有心人！我们去往坂田张氏祠堂的那个下午，张林新的弟弟张新华老人正坐在那里。虽然张新华老人已经年近八旬，但是说起爷爷、哥哥以及坂田小学的掌故，却清晰如昨。他还带我们去参观了学校旧址，那些斑驳的旧墙、盛开的凤凰花，都在老人的回忆下有了历史的味道，有了这些鲜活的回忆，后来成书的过程也变得顺利起来。

回望龙岗教育，一百年到底有多久？张新华老人的叙述，给了我们一个穿越时空的参照。一百年，其实不过是三四代人的时间而已。当年，他的爷爷在坂田创办拔元学校；后来，拔元学校被日寇烧毁，他到重建的鼎新学校去上学；再后来，他的哥哥张林新成了坂田小学的教师。文脉，就这样自然而然传承了下来。

附录——龙岗私塾与学堂一览表

龙岗私塾与学堂一览表

注：按拼音首字母排序

爱联小学	现址位于龙城街道龙岗大道 2065 号。前身是爱联乡抗敌同志会干事张启秀、李六英、李奕清等于 1940 年创办的战时中心小学，最初在江贝村（今岗贝社区）借用民房办学。1948 年，校址由江贝村迁入改造后的新屯尼姑庵堂，崋吓村的启德学校也一同并入，校名改为"南强乡中心小学"。1953 年，学校改名为"爱联小学"，取当时"五爱""四联"两大行政村之名。1954 年，县教育局指示学校应以校址所在地村庄命名，于是改名为"新屯小学"。"文革"期间，又根据县局指示改回原名。此后，爱联小学沿用至今。
坂田小学	现址位于坂田街道坂雪岗大道 2061 号。其前身为创办于 1926 年的"拔元学校"，由坂田村张姓出资兴建而成。1940 年，拔元学校被日寇烧毁后重办，改名"鼎新学校"。1953 年，学校改为政府办学，更名为"坂联小学"；1958 年，又更名"坂田小学"。1997 年，学校搬迁至现址，由坂田村委投资兴建新校舍。
布吉中心小学	现址位于布吉街道布吉路 57 号。其前身为创办于 1936 年的布吉学校，由一些热爱桑梓教育事业的海外华侨捐资兴建，只有八个课室和一间三层方形炮楼式的教师宿舍，占地面积约 900 平方米。2000 年开始改建，2003 年 11 月被评为广东省一级学校。

崇正学堂	位于宝龙街道龙新社区、环水楼东侧，由叶氏家族所建，兴建时间在 1890~1898 年，占地面积 1300 多平方米。叶氏家族素重礼教，曾在淡水兴办荣庭学校、静野学校、腾云私塾、挺秀书院等。清光绪二十二年（1896 年）环水楼建成后第一位主人叶伯熙得赐"岁进士"功名。依康熙帝《圣谕》中"隆学校以端士习，黜异端以崇正学"之言，取名为崇正学堂。新中国成立后，崇正学堂作为兰水坐村小继续发挥作用，直到 20 世纪 80 年代，学校因房屋老旧、学生集中到镇上就学等原因关停。
东兴学校	即现今的龙城高级中学（教育集团）东兴外国语学校，现址位于坪地街道坪西南路 99 号。前身是创办于清光绪二十九年（1903 年）的私塾东兴书室，由萧氏宗亲在坪西社区澳头村开办。1933 年，萧氏宗亲再度牵头和捐资，将书室改建为东兴学校。
冠英书屋	其旧址位于龙岗区横岗街道茂盛路 169 号茂盛世居附近。1821 年，因经商而发迹的何维松、何维柏两兄弟出资修建的客家围屋茂盛世居建成。茂盛世居建成后，两兄弟又在旁边建了十数间房子作为私塾，名为冠英书屋，时称"大书房"。私塾建成后，何氏一族请来名师，不但接收本族子弟入学，也招收邻里学童，教化乡里。冠英书屋旧址在抗日战争中被日军的炮火摧毁，现已不复存在。

厚德小学	现位于园山街道荷坳路 46 号。前身为厚德学校。1919 年，陈观海捐资将陈氏先祖在清朝咸丰年间建立的大屋改建为新式学堂，并以陈氏宗祠"厚德堂"命名为"厚德学校"。1937 年前后，厚德学校被国民党军队征用作防空哨所，学校迁址至静安书室。1947 年，当地热心办学人士与校董会成员商议筹款修复学校旧址，并于 1948 年迁回。1950 年，厚德学校更名为"荷坳小学"，由荷坳村农会管办，校领导与教师由县人民政府任命派出。1952 年，学校由人民政府完全接管，改为公办。2019 年，依托于厚德学校建立起来的荷坳小学正式更名为"厚德小学"。
纪劬劳学校	位于龙岗区平湖街道新南社区守珍街旧墟东南面，广九铁路平湖火车站东侧。纪劬劳学校，由平湖籍香港富商刘铸伯于 1915 年捐建，1916 年建成。建筑占地面积 266.5 平方米，面阔三间一进，两层结构。1956 年，为响应"逐步满足人民群众日益增长的物质和文化需要"的教育方针，政府在原"纪劬劳学校"创办平湖中学。纪劬劳学校的"精神"也便由平湖中学传承了下来。2001 年，纪劬劳学校被列为龙岗区文物保护单位。
静安书室	旧址位于现今园山街道荷坳社区。《荷坳厚德堂陈氏族谱》记载，静安书室由陈静波建于清咸丰末年（1861 年），占地面积有 200 平方米。1999 年旧村改造，建造荷坳新村时被拆毁。

俊千学校／茂璋学校／振声学校	旧址位于龙岗区南湾街道南岭村社区，建于 1927 年，由张俊千召集张氏族人出钱捐献而建。 俊千学校建立后不久，南岭村林姓各户捐款集资，又兴建起茂璋学校。 1928 年，丹竹头村在一名华侨捐助下创办了振声学校，前身为建于 1927 年的太神学校。太神学校由当地大姓沈氏、凌氏、罗氏合力建成。
兰桂书室	现位于龙岗区园山街道荷坳社区，面阔 11 米，进深 15 米，总面积 165 平方米，三间二进。书室由荷坳陈氏静安堂陈毓之次子陈瑞屏所建，始建于清光绪末年（1908 年）。此后，兰桂书室几经修缮，受传教士和留洋归国村民影响，内部装修越来越西化，堪称"深圳洋化风格最突出的古建筑"，因而也成为深圳最有代表性的私塾之一。如今，兰桂书室由区政府出资修葺，被列为龙岗区"不可移动文物"。

兰陵学校	现址位于龙岗区坪地街道兴华路。1935年，坪地萧氏宗亲亲慷慨解囊，在坪地河背村买了10多亩土地，建起颇具规模的兰陵学校。学校建成后，不分姓氏、不分村别，广招坪地子弟，培养一方人才。1942年，兰陵学校被日寇烧毁。1964年，坪地中心大队（现坪地中心社区）在原兰陵学校残留校舍的基础上，修缮改造成新的学校，命名为中心小学。1987年，中心小学迁址新建。1997年，龙岗区政府又在坪地中心小学的基础上办起了坪地街道第一小学，并于2014年升级为九年一贯制学校，同时，为铭记历史、不忘侨情，2014年，恢复"兰陵学校"的名称。
兰著学校	现址位于龙岗区龙城街道回龙埔社区协同路1号。兰著学校创办于1929年，由牙买加华侨余晋棠、余铭芳发起，向各界华侨募捐兴建，为纪念祖先余廷兰、余廷著而命名为"兰著学校"。当时建有一座两层高的白色骑楼，教学楼旁还建有一栋5层的碉楼，系办公和教职工宿舍，教学楼通过连廊可以连接碉楼。兰著学校开办第一年，开设四个年级，学生人数约100人。两年后，学生数增至171人，年级也增到了6个，实现了六年制全覆盖。新中国成立后，兰著学校曾更名为"回盛第一小学校""回龙埔小学"，改革开放后，复名为"兰著学校"，2004年因旧城改造拆除。2012年9月，龙岗区政府投资重建兰著学校，为龙岗区直属九年一贯制学校。

乐淮学校	现址位于龙岗区坪地街道富强路 1 号。1935 年，旅美华侨王健海向华侨、乡绅募得善款，回到祖籍地坪地街道坪东社区西湖塘村，成立乐淮学校（现乐淮实验学校）。作为新式学堂，乐淮学校为抗日救亡和新中国的建设培养了不少人才。1963 年，坪地中心小学落成，乐淮学校停办。改革开放后，其校舍被作为厂房使用，2012 年，因城市建设需要被拆除。2000 年，西湖塘居民小组另外兴建起了坪地街道第二小学。2021 年，坪地街道第二小学改扩建为九年一贯制学校。在坪地街道、坪东社区和西湖塘居民小组的努力争取和上级部门的大力支持下，坪地街道第二小学更名为"深圳市龙岗区乐淮实验学校"。
李朗乐育神学院	李朗乐育神学院（Lilong: Theological Seminary of Basel Mission），于 1864 年由贝德明牧师在李朗创办，初时称存真书院，1876 年改称传道书院，亦称李朗乐育神学院。1925 年，李朗神学院迁移兴宁坪塘，改名为兴宁坪塘神学院。神学院在李朗时间长达 61 年，是深圳历史上第一所现代意义的"大学"。1864~1924 年的一个甲子之间，存真书院共培养了527 名毕业生。1946 年，乐育神学院再迁到梅城西郊黄塘村。1951 年，梅州乐育神学院停办。1955 年，崇真会又在香港建立西贡乐育神学院。1966 年，乐育神学院并入崇基学院。

六约学校	现址位于龙岗区横岗街道六约社区深惠路旁。六约学校始建于1923年，由当地知识分子张杏芳牵头，村民集资创办。六约学校最初仅有三间瓦舍。1931年，由侨胞捐资，建成了占地面积300平方米的"1931楼"。2007年学校改建时，"1931楼"作为时代和岁月的见证被保留了下来，现为六约学校校史馆。抗战胜利至1952年之间，六约学校为民办学校，1952年由人民政府全面接管。1997年，学校成为龙岗区第四所市一级小学。2010年9月，六约小学升级为九年一贯制学校，更名为"六约学校"。
龙岗中心小学	现址位于龙岗区龙岗街道中和路3号。创办于1915年，1949年以前校名为"联合小学"。1949年，更名为"惠阳县第三区小学"；1954年，更名为"龙岗镇中心小学"；2003年底，龙岗撤镇设街道办事处，学校重新命名为"龙岗中心小学"。
龙西小学	现址位于龙岗区龙岗街道学园路12号。龙西小学的前身为光禄学校，创办于1923年，由竹头背（现属于龙岗街道五联社区）巫氏家族主持。之后几十年，因校址变迁学校多次易名——巫氏学校、启宇学校、龙西学校。今校址为1994年搬迁的新址。

南约小学	现址位于宝龙街道南约行政村植物园路6号。前身为创办于1930年的"达荣学堂"，由当地华侨黄达荣筹款创立，作为私塾学校一直沿用到新中国成立初期的50年代。1952年后，学校更名为"南约小学"，1983年，校址由联和自然村迁至太行自然村。
平冈中学	现址位于龙岗区龙岗街道龙平东路252号。平冈中学创办于1930年，由华侨捐资建设。平冈中学校名源自坪山、龙岗，并将"坪""岗"分别去掉土字旁、山字头。平冈中学建成后，罗京濂任首任校长，初定校名为惠阳县第八区私立平冈初级中学校，第一届招生，共设立两个班，学生80余人。1939年，因经费短缺而停办一年。1941~1943年又因抗战而停办三年。1956年，平冈中学由私立改为公办，校名变更为惠阳县龙岗初级中学。1958年，始设高中，规模扩大至12个班，并更名为宝安县龙冈中学，为当时深圳东部地区规模最大的一所完全中学。1980年，校名变更为宝安县平冈中学。1992年，宝安撤县，校名变更为深圳市龙岗区平冈中学。

平湖中心学校	现址位于平湖街道新南路 1 号。前身为红朱岭学校。1937 年 9 月，在平湖红朱岭老围村"鹤轩书室"的基础上，建立红朱岭学校，刘子元为首任校长。1943 年，红朱岭学校更名为平湖乡中心小学，后又更名为平湖中心小学。1999 年，学校由平湖大街 458 号搬至现在的校址。2002 年与原鹅溪、新木、良安田、白泥坑四所村小合并。2021 年 9 月，平湖中心小学更名为平湖中心学校，开始招收初中学生。
盛平小学	现址位于龙岗区龙城街道盛平社区盛华路 19 号。前身为创建于 1943 年的复兴小学，最初由三间私塾合并而成。1951 年，马来西亚华侨官文森捐资，兴办盛平小学。1982 年、1987 年先后二次兴扩建。
水径小学	现址位于吉华街道水径社区上水径联水路口。创办于 1936 年 8 月。1942 年朱金玉就义后，水径学校一度停办。新中国成立后，村民们为了纪念朱金玉，在下水径老围村旧址复建学校。1965 年，开设小学和初中，其中小学五年，初中两年（当时学制是初中两年），并正式命名为"水径学校"。1980 年，取消初中部，更名为水径小学。

同乐主力学校	现址位于龙岗区宝龙街道同心社区。创办于 1934 年，是一所九年一贯制学校。1934 年创办时名为"阳和朗学堂"，1937 年改名"一鸣学校"，迁至阳和浪村。1943 年春改名为"励志学校"，迁至金钱坳"万泉屋"。1946 年复办后，校址仍在阳和浪村。1962 年，一鸣学校改名"同乐小学"，校址在五谷神庙屋，后迁长湖围。1985 年，改回原校名"一鸣学校"，校址仍在长湖围。1998 年，和吓坑小学合并，更名为"同乐主力学校"。
西坑小学	现址位于龙岗区园山街道西坑社区宝桐北路。前身为梧冈学校和槐源学校。梧冈学校的前身则为崇厚学校，建于 1912 年，因战乱在 1949 年冬天停办。槐源学校，1931 年由西坑村民和海外华侨捐资兴建，1945 年复办，杨瑞瑶兼任学校董事。1950 年，梧冈学校和槐源学校合并为成西安小学。20 世纪 70 年代初，西安小学更名为"西坑小学"。
新生小学	现址位于龙岗区龙岗街道新生路 3 号。前身为创办于 1917 年的德新小学，民国时期以龙岗街道新生社区仙人岭老围陈氏宗祠为校舍。1948 年，由华侨捐款，在仙人岭头兴建了两间瓦房为教室。1952 年，合并低山（新民小学）、扬梅光（梅光小学）、田祖上（学校不详）三所学校，更名为"新生小学"。

诒燕学校	现址位于鹤湖新居内，由鹤湖罗氏所建。清乾隆年间，罗瑞凤始建鹤湖新居之时，就选定内望楼作为私塾，取名为"诒燕学校"。"诒燕"取义于《诗经·大雅·文王有声》："诒厥孙谋，以燕翼子。"近代以来，虽然战乱不断，诒燕学校依然坚持办学，直至1951年才停办。
育贤学校	现址位于龙岗区宝龙街道育贤路2号。1933年，由南洋爱国爱乡华侨捐资兴建。其旧址占地面积1500平方米，位于龙岗区宝龙街道龙东社区大井村（今上井、下井居民小组）龙南路205号，系中共大井支部成立旧址。1945年，学校曾被日军强占。
振新小学	现址位于龙岗区龙岗街道福宁路107号。前身为振新学堂，1942年由华侨捐资创建。

说明：

由于本书内容历时久远、涉及人事繁多，调研采写过程中，我们尽力就图文内容细致甄别、标明出处，并充分尊重和保障原作者权益，如有疏漏之处，敬请与我们联系（huayu0755@qq.com）